U0578016

本丛书得到何东先生独资赞助

This series of books is financially supported exclusively
by Mr. Eric Hotung.

20世纪中国文物考古发现与研究丛书

古代城市

曲英杰 ／ 著

文物出版社

一　湖南澧县城头山史前期城址鸟瞰

二　河北易县燕下都武阳城南垣遗迹

三　陕西西安汉长安城桂宫 2 号建筑遗址

四　陕西西安唐长安城大明宫含元
殿遗址鸟瞰

五　四川成都唐益州罗城城门遗迹

六　新疆吐
鲁番交河城
遗址

七　江苏唐
宋扬州城东
门遗迹

20世纪中国文物考古发现与研究丛书

序 / 张文彬

　　俗称"锄头考古学"的田野考古学的诞生以及中国考古学学科体系的基本完善，由此而引起的古物鉴玩观赏著录向科学的文物学的转变，是20世纪中国学术与文化界的大事。它从材料与方法两个方面彻底刷新了持续了数千年之久的中国古代史学传统，不但为中国学术界和文化界开拓出更加广阔的研究天地，也为一切关心中华民族悠久历史和灿烂文明的人们不断地提供了可贵的精神滋养和力量源泉。

　　仰古、述古、探古，进而考古，向来为我国传统文化中一个明显的学术特点。先秦时期诸子百家发其端，汉代司马迁撰写《史记》，北魏郦道元作注《水经》。他们对相关的遗迹遗物，尽可能地做到亲自考察和调查，既能辨史又可补史。这种寻根追源的治学态度，为后世学术上的探古、考古树立了榜样。此后，山河间的访古和书斋式的究古相继开展，特别是对古器物的研究，成了唐、宋时期的文化时尚。不少学者热衷于青铜铭文、碑刻、陶文、印章等古文字的考释，进而有了对器物的辨伪鉴定、时代判断、分类命名等，逐渐兴起了一门新的学问——金石学，涌现出许多著名的古器物鉴赏家和收藏家。只是囿于当时的历史条件，金石学家们无法了解所见文物的出土地点和情况，也难以涉及史前时代漫长的演进历程，因而长期以来始终脱离不了考证文字和证经补史的窠臼。即使如此，他们的艰辛努力和取得的成绩，还是为推动我国传统文化的发展起到了积极作用，并且在事实上也为中国考古学和中国文物学的起步铺设了最早的一段道路。

20 世纪初，近代考古学由西方传入。中国学者继承金石学的研究成果，学习并运用西方考古学方法，开始从事田野考古，通过历史物质文化遗存，探寻和认识古代社会，揭示人类社会发展规律。早在 1926 年，中国学者就自行主持山西南部汾河流域的调查和夏县西阴村史前遗址的发掘。随后，我国学者同美国研究机构合作，有计划地发掘周口店遗址，发现了北京猿人。从 1928 年起至 1937 年，连续十五次发掘安阳殷墟遗址，取得了较大收获，引起了国内外学术界的重视。自 20 世纪 50 年代以后，随着国家大规模经济建设的进行，田野考古勘探、调查和科学发掘工作在全国范围内蓬勃有序地开展，许多重要的典型遗址和墓地被揭露出来，重大发现举世瞩目。它们脉络清晰，层位分明，文化相连，不仅弥补了某些地域上的空白，而且衔接了年代上的缺环，为研究中国古代史、文化史、科学史以及其他学科领域，提供了珍贵、丰富的实物资料，极大地影响着人文社会科学诸多学科专业的研究与发展。这段时间被学术界称为中国考古学的黄金时代。在马列主义理论指导下，具有中国特色的考古学理论体系和方法论逐渐形成。有关研究成果不仅极大地改变和丰富了人们对中国文明起源、中国古史发展等重大问题的认识，同时也扩展了中国文物的研究领域和研究方式。可以说，考古学的发展与进步，直接影响到文物学的形成与发展，而且影响到全社会对文化遗产重要作用的认识以及世界学术界对中国古代文明的重新认识。

从20世纪80年代开始，文物界就中国文物学的创立，逐渐取得共识，在共同探讨的基础上，初步形成了学科体系。不少学者发表了有关论文，出版了专著，就文物的历史价值、科学价值、艺术价值以及在社会主义的物质文明与精神文明建设中如何对文物进行有效保护、合理利用发表意见。这些研究成果已获得学术界的赞同。

在这世纪之交和千年更替之际，对中国考古学和中国文物事业作一次世纪性的回顾和反思，给予科学的总结，是许多学者正在思考和研究的问题。如果能通过梳理20世纪以来重大发现和研究成果，透视学科自身成长的历程，从而展望未来发展的方向，以激励后来者继续攀登科学高峰，无疑是一件很有意义的事。为此，经过酝酿、商讨和广泛征求意见，我们约请一批学者（其中有相当多的中青年学者）就自己的专长选择一个专题，独立成篇，由文物出版社编辑出版一套《20世纪中国文物考古发现与研究丛书》，并以此作为向新世纪的献礼。

从某种意义上说，《20世纪中国文物考古发现与研究丛书》是一套学科发展史和学术研究史丛书。其内容包括对20世纪考古与文物工作概况的综合阐述；对一些重要的考古学文化和古代区域文化研究情况的叙述；对文物考古的专题研究；对重要的文物考古发现、发掘及研究的个例纪实。

此套丛书的内容面广，而且彼此关联。考虑到各选题在某些内容上难免会有重叠或复述，因此在编撰之初，我们要求各选题之间互有侧重，彼此补充，以期为读者了解 20 世纪中国考古学和文物学的发展提供更多的视角。

我国的文物与考古工作，虽在 20 世纪得到了迅速发展，但仍有许多重大学术问题需要进一步探索。我们主持编辑这套丛书，除了强调材料真实，考释有据，写作态度严谨求实外，也不回避以往在工作或研究上曾经产生的纰漏差错和不足之处，以便为今后的工作和研究提供借鉴。虽然我们尽了很大努力，但限于水平，各篇仍很难整齐划一。由于组稿和作者方面的困难和变化，一些计划之中的题目也未能成书。这些不周之处，敬请专家、学者和广大读者批评指正。

在丛书编印过程中，我们得到了文物、考古界的广泛支持。何东先生在出版经费上给予了热情帮助。在此，一并深表感谢。

2000 年 6 月于北京

目　　录

插 图 目 录

前言

20 世纪，中国的文物考古事业取得了巨大成就，而有关古代城市的发现与研究无疑是其中的一个重要组成部分。本书所述内容以经过调查和发掘的古城址为主，对于个别地望明确、考古工作较为充分的古都、古城遗址，如二里头、殷墟、秦都咸阳等，虽未发现城垣遗迹亦酌量收入。城址年代上自史前期，下迄元代。明清时期旧城大多拆除于近百年之内，除个别城址经过调查外，考古工作大多尚未充分展开，故不在包罗之列。

（一）研究简史

近世对中国古代城址的调查和研究可以追溯至清后期徐松、何炳勋、郝永刚、曹廷杰等对庭州、统万城、楼兰及金上京诸城的实地考察和认定，而与 20 世纪中国考古事业关系更为密切的则是 19 世纪末至 20 世纪初斯文·赫定、斯坦因、亨廷顿、橘瑞超、大谷光瑞、科兹洛夫、波兹德涅耶夫等对楼兰、精绝（尼雅）、西州（高昌）、交河、庭州、黑水城、元上都及应昌路等城址的考察。20 世纪 20 年代，先后有北平（今北京）历史博物馆发掘巨鹿故城，黄文弼、袁复礼随西北科学考察团调查西域诸城，中央研究院历史语言研究所李济、梁思永、董作宾等发掘殷墟，北京大学马衡率燕下都考古团调查燕下都遗址，以及国外的闵宣化（牟里）、多尔马乔夫等对辽上京、中京及金上京的考察。30 年代，有李济、梁思永、董作宾、吴金鼎、刘燿（尹达）、尹焕章等发掘城子崖及后岗城址，调查临淄及滕城等，以及国外的池内宏、三宅俊成、鸟山喜一、原田淑人等对高句丽、渤海诸城的调查和发掘。40 年代，有沈阳博物馆佟柱臣考察东八家石城址，国外的驹井和爱、关野雄等调查和发掘邯郸赵王城、临淄、鲁城、滕城、薛城等。

　　50 年代以来，随着中国科学院考古研究所（1977 年改称中国社会科学院考古研究所）、各地文物考古机构及大学考古专业的相继设立，对各时期古城址的勘探及发掘工作也大规模展开。50 年代，有安金槐、郭宝钧、黄景略、王仲殊、马得志等主持发掘郑州商城、洛阳城址、燕下都、汉长安城及隋唐长安城等。60 年代，有徐苹芳等主持金中都和元大都的勘察，以及中国和朝鲜联合考古队对渤海上京城的发掘等。70 年代，有安金槐、孟凡人、俞伟超、刘观民、徐光冀、张学海、孙德海、陈应祺、谭维四等主持发掘王城岗、东下冯、盘龙城、大甸子、西山根、临淄、鲁城、邯郸、灵寿及纪南城等城址。80 年代，有田广金、段鹏琦、赵芝荃、陈德安、韩伟、刘庆柱、徐光冀、蒋赞初、蒋忠义、丘刚等主持发掘阿善、老虎山、偃师商城、三星堆、雍城、栎阳、邺城、武昌、扬州、开封诸城。90 年代，由张学海主持对城子崖城址进行重新发掘，何介钧等主持发掘城头山城址，各地陆续发现大批史前期城址。杜金鹏、王学荣等在偃师商城大城内探出小城，唐际根、徐广德、刘忠伏等在安阳洹北探出另一座大型商代城址，并有中美、中日、中法联合考古队对商丘宋城、汉长安城桂宫、尼雅遗址及园沙古城等进行勘探和发掘。

　　根据有关统计及笔者所掌握的资料，迄今经考古调查和发掘的古城址已达两千余座。其中有许多重要城址曾经数次调查和多年连续发掘，亦有仅作初步调查者。考虑到古城址的发掘与研究多具有个案性，本书拟选择各时期较有代表性的城址予以分述，略加概括。对于那些前后沿用时间较长的古城，以兴筑期或繁盛期为主，兼及其因袭演变遗存。而对经长期发掘的重要城址，则适当注意分阶段叙述，以体现其前后相接的过程。

通过对古城址的调查和发掘以及结合相关文献的探讨，使中国古代城市起源及发展演变轨迹得以明了，许多误解得以澄清。

（二）发展概况

依照传统史学，中华文明史起自三皇五帝时期，时间跨度约在距今 5000～4000 年间[1]。三皇五帝为中华共同体形成之初"王天下"的代表人物[2]。史载神农之教曰："有石城十仞，汤池百步，带甲百万，而亡粟，弗能守也。"[3] "黄帝时为五城十二楼"[4]。"鲧作城郭"[5]。今所发现的黄河中游地区属仰韶文化至龙山文化时期诸城，黄河下游地区属大汶口文化至龙山文化时期诸城，长江中游地区属屈家岭文化至石家河文化时期诸城，长江上游地区属宝墩文化时期诸城以及河套地区属老虎山文化时期诸石城等，均在此时段之内，正可互为印证。

古时，城与国往往合为一体，一城即一国。而在局部联合体及统一共同体形成之后，众国之上又有统领者。这些城遍布各地，规模不等，建造方式不尽相同，相互间当具有某种连属关系，成为中华共同体形成的物化标志。而建造于距今 6000 年前属大溪文化早期的澧县城头山城，则当为中华共同体形成之前此一地区所出现的古国，处于早期独立发展或局部联合阶段。因近世学界多以夏代作为中国文明史的开端，而称夏以前为史前期，为便于引述，本书亦遵循此说。但应该指明，近年来包括众多的早期城址在内的一系列考古发现，已无法于此一框架体系中予以合理的解释，而更多地与古说相吻合。

夏商时期形成河洛中心区，中华共同体稳步发展。史载，商代多次"复兴"[6]，势力所及，北达肃慎、东接海外、西至氏羌、南过荆楚，繁盛之势可比于后世之唐。其初都亳城建于今河南偃师之地，经扩筑南垣长 740、东垣长 1640、北垣长 1240、西垣长 1710、周长 5330 米。内有宫城，宫城正门与外郭城南门遥相对应而成全城的南北中轴线。此一规制长期为其他都城所遵循。其后迁都于今河南郑州之地而建的隞城，再迁于今河南安阳洹北而建的相城等，也都规模宏大，气度不凡。蜀都广汉三星堆城的规模与此相当，城内有祭祀坑等遗迹，原当筑有宫城，亦采用内城外郭制。时值古蜀国繁盛期，并保持相当大的独立性，故有兴建如此大城之举，但不可避免地会受到商王都城规制的影响。其他方国城邑有山西垣曲商城、河南焦作府城、湖北黄陂盘龙城等，规模形制相类，相互间文化面貌亦表现出很大的趋同性，表明商王朝对黄河流域和长江流域的广大地区已实行有效的治理。

周代实行分封制。由于周王倡导"大聚"[7]，周初起，在王都及诸侯国都纷纷兴筑大城，并在此基础上渐形成方九里、七里、五里及三里之制。后或遵循，或僭越，而内城外郭式则始终不变。如齐都临淄城（今山东淄博临淄区），初筑时南北长约 4200、东西宽约 3300 米，宫城位居中央。战国时期，田氏代齐，又重筑宫城于西南部，并扩筑西南外郭城，而使周长达 19000 余米。鲁城（今山东曲阜）东西长约 3300、南北长约 2500、周长 11771 米，亦为宫城居中。郑都郑城（今河南新郑）兴筑于西周晚期，很可能是先依"方七里"之制而建，即今考古发现所见之西城，北垣长约 2400 米，内有宫城。后又扩筑东城，其北垣长约 1800、东垣长约 5100、南垣长约 2900 米。楚都郢城（今湖北荆州城北纪南城）营建于春秋时期，东西长约 4450、南北长约 3600、周长 15506 米。战国时期，燕国都蓟（今北京），并营建下都武阳城（今河北易县），先筑东城而后扩筑西城，使其总规模达东西长约 8000、南北长约 6000 米，为当时第一大城。

秦统一六国后实行郡县制，汉代则郡国并存，王国比郡，侯国比县。汉高祖六年（公元前 201 年），"令天下县、邑城"[8]，由此而引发新的筑城浪潮，各地城邑数量大增，分布范围大为拓展。丝绸之路、长城沿线、东北地区、东南沿海及岭南等地均有此一时期的城址发现。而除皇都长安城、洛阳城及相沿于周代诸侯大国都城的王都郡治外，一般郡县邑城多规模较小，形制布局趋于一致。秦原建咸阳宫于渭水之北，后又建兴乐宫于渭水之南，及在上林苑地建阿房宫等。汉初沿秦兴乐宫址改建长乐宫，后又兴筑未央宫并围筑外郭城。其布局于传统礼制方面多有偏离。至汉武帝"罢黜百家，独尊儒术"，儒风渐盛，出现与周制接轨的意向。东汉建都洛阳，沿于原成周城址，其内宫外郭及礼仪建筑一遵周礼。

魏晋南北朝时期又有许多都城兴建。因儒风盛行，无论是新择址营建的六朝建康城（今江苏南京）、邺北城以及邺南城

（今河北临漳境），还是沿旧址改扩建的北魏洛阳城等，均力求遵循传统礼制。匈奴族首领赫连勃勃沿汉代奢延城（今陕西靖边境）而建的大夏国之都统万城至今仍岿然挺立于沙海。其城墙根基和城址建筑物废墟的瓦砾层下皆可见到黄沙，表明这里在筑城前后已时有沙尘。今辽宁和吉林省境内所发现的高句丽诸城大都依山势用石块垒砌，而黑龙江省三江平原地区所发现的数百座城址则有可能属挹娄国等遗存。

唐代国势空前强盛，国都长安城及东都洛阳城宏伟壮观。长安城东西长约 9700、南北长约 8600、周长 36700 米，面积 84 平方公里。全城以街道划分整齐的里坊，宫城及皇城位于外郭城北部中央高地。后又于城外东北部高地兴筑大明宫，周长 7629 米。其规制不仅为日本国都以及东北地区臣服于唐的渤海国所仿效，而且也影响到西南地区臣服于唐的南诏国。建造于唐中期的南诏王都阳苴咩城（今云南大理）西倚点苍山，东临洱海。结合《蛮书》等有关记载与残存城垣及原建于城内的三塔（今在城北）可推知，其除保存"王坐东向"之俗[9]、面向朝东外，"南诏大衙门"（南诏王居寝及诸官治事之所，相当于宫城及皇城）居全城最高处，外郭城南、北城门相对，连以"通衢"等，均与唐长安城相类。其"筑袤十五里"[10]，当指外郭城南北之长，而东、西无垣。限于点苍山与洱海之间的条带状地势，整座城平面当呈南北向略长、东西向略短的扁长方形，以宫城朝向为准，亦与唐长安城相同，而规模略小（唐长安城外郭城东西长十八里余、南北长十五里余）[11]。凡此，当为有意模仿。其与渤海国都上京龙泉府城（位于今黑龙江省宁安境，外郭城东西长约 4500、南北长约 3300 米，布局仿于唐长安城）南北遥相呼应。与此同时，随着经济重心的南移，在长江流域出现了"号为天下繁侈"的扬州城与益州城[12]。扬州城更形成了"十里长街市井连"的盛世景观。其"十里长街"以及著名的"二十四桥"等所在方位均已大体探明。在西北交河故城则可以看到用"减地法",即从地面向下挖去墙内外之土而修筑的墙垣及房屋等遗迹。

宋、辽、金、元时期政权有统有分,诸都城的规模形制等大都探明。北宋都开封、南宋都临安(今杭州)及金中都燕京(今北京)等均沿于旧州城而加以改扩建。而元大都则是在原金中都城东北另择址新建,平面呈长方形,北垣长6730、东垣长7590、南垣长6680、西垣长7600、周长28600米,面积达50余平方公里。城内布局在最近似的程度上依照《周礼》。其中南部后为明清北京城所沿用,至今部分地段犹保持旧时格局,而孔庙、白塔寺等均相沿于元代。在今内蒙古的元上都及应昌路、集宁路等城址中亦可见元代孔庙及佛寺遗存,德宁路城址内则可见到元代景教及罗马教教堂遗存,往日风貌依稀可辨。

时至今日,这些城址为后世沿用者大都面目全非,更多的则沦为废墟,经考古发掘方得重新辨识。其遗存虽为残垣断壁,然旧时韵致犹存,常常引发人们对其昔日繁华的种种怀想。

注　释

[1] "三皇五帝"之称见于先秦典籍,而无确指。至西汉末有《世经》,以太昊伏羲氏、炎帝神农氏、黄帝轩辕氏及少昊、颛顼、帝喾、唐尧、虞舜为前后相

承之序。东汉以后即依此将"三皇"定指为伏羲、神农、黄帝，少昊以下为"五帝"。唐宋以来诸庙皆遵此位序。参见吕思勉《先秦史》第六、七章（三皇五帝事迹），上海古籍出版社 1982 年版。

[2]《说文解字》云："皇，大也，从自、王。自，始也。始王者三皇，大君也。自读若鼻，今俗以作始生子为鼻子是。"段玉裁注："始王天下，是大君也，故号之曰皇。"

[3]《汉书·食货志上》，中华书局 1962 年版。

[4]《汉书·郊祀志下》，中华书局 1962 年版。

[5]《世本·作篇》。

[6]《史记·殷本纪》，中华书局 1959 年版。

[7]《逸周书·大聚》。

[8]《汉书·高帝纪》。张晏曰："皇后、公主所食曰邑。令各自筑其城也。"颜师古曰："县之与邑，皆令筑城。"

[9]《新唐书·南蛮传上》，中华书局 1975 年版。

[10] 同 [9]。

[11]《旧唐书·地理志一》载：长安"城东西十八里一百五十步，南北十五里一百七十五步"。

[12]《舆地纪胜》卷三十七。

一

史前期城址

现代考古学一般是将夏代以前划为史前期。对史前期城址的发掘最早可以追溯到 20 世纪 30 年代初，进入 70 年代以来则不断有新的发现，迄今已发现史前期城址五十余座。

（一）黄河流域诸城

史前期城址在黄河流域发现最多，已达四十余座，其主要分布于黄河中游、下游及河套地区。

1. 中游地区城址

黄河中游史前期城址最先发现于安阳后冈，而后又陆续在登封王城岗、淮阳平粮台、郑州西山等地发现。

（1）后冈城址

后冈城址位于河南安阳西北洹水南岸一舌形河湾的高岗上。高岗平面呈不规则的椭圆形，南北长约 400、东西宽约 250 米，总面积约 10 万平方米。

1931 年春，中央研究院历史语言研究所考古组梁思永、刘燿（尹达）、吴金鼎等在这里进行首次发掘，发现了小屯（殷代）、龙山和仰韶文化直接叠压的地层关系，从而确定了这三种文化的时代序列，并发现许多圆形白灰面房址和版筑围墙遗迹等。而后又进行了三次发掘。1934 年春的第四次发掘工作由刘燿主持，尹焕章等参与。此次发掘搞清了龙山期的围墙遗迹情况，围墙宽2～4、长70余米，围绕着遗址的西、南两面，墙基版筑中有彩陶遗存，其上多为铜器墓葬所破坏[1]。尽管发掘者还只是判知其为村落的围墙，但与后来所发现的一系列史前期城址相比照，无疑是属于夯土城墙。这是第一座经科学发掘的龙山文化时期古城址。

进入50年代以后，这里又进行过多次发掘，发现数十座房址及房基下以幼童作为奠基的现象等。据碳十四测定校正年代为公元前2700至公元前2100年，其延续时间在五百年以上[2]。

(2) 王城岗城址

王城岗城址位于河南登封东南告成镇西，南临颍水，东隔五渡河有东周阳城城址。

1975年，河南省文化局文物工作队开始在这里进行考古调查。1977年春，发现龙山文化城址夯土遗存的重要线索，后与中国历史博物馆考古部合作，由安金槐主持，进行了大规模的考古发掘，到1981年告一段落。

其城址分东西二城，皆仅残存部分城墙基础槽及槽内夯土层，墙体已不可觅。东城残存西垣南段约65米，南垣西段约30米，其相交处即西南城角内侧呈凹弧形，外侧呈凸弧形，向外凸出2米左右。基础槽口宽4～6米不等，且向底部内收。西城以东城西垣为东垣，南垣东端与东城西南角之间有一段长9.5米的缺口似为西城的城门设施，南垣长82.4、西垣长92、北垣西段残存29米。其西南、西北城角与东城西南角形制略同（图一）。基础槽口宽3～5米不等，且向底部内收。城内面积近1万平方米。在中西部及东北部发现多处与城墙属一时期的夯土基址及填埋有人骨架和人头骨的奠基坑等。此东西两城

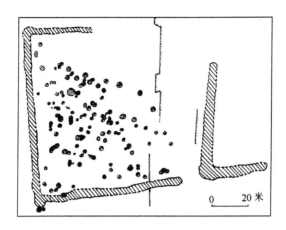

图一　河南登封王城岗史前期城址平面示意图

都是在王城岗龙山文化二期修筑和使用的，经碳十四测定校正年代为公元前 2400 至公元前 2200 年。从某些迹象来看，当是东城修筑在前，其被河水冲毁后，又利用东城西垣作为西城东垣修筑西城[3]。

（3）平粮台城址

平粮台城址位于河南淮阳东南 4 公里的高台上，东临新蔡河。

1979 年秋，河南省文物研究所曹桂岑等在这里发现夯土城墙遗迹。1980 年发掘继续进行，城址面貌得以完整揭示。其平面呈正方形，长、宽各 185 米，城内面积共计 3.42 万平方米。如果包括城墙及外侧附加部分，面积达 5 万多平方米（图二）。现存城墙顶部宽约 8～10、下部宽约 13、残高 3 米多。外环以护城河。在南垣和北垣中部发现城门及路土遗迹。南门两侧有用土坯垒砌的门卫房址，门道路土之下有陶制排水管道。城内发现高台建筑遗存，亦有平地起建的房址。截至

图二　淮阳平粮台史前期城址南门遗迹

1989年，已清理房基十九座、灰坑二百六十个、墓葬二百一十一座、陶窑三座，并出土有铜渣。据碳十四测定校正年代，此城修筑年代在公元前2500年前，属龙山文化王油坊类型[4]。

（4）西山城址

西山城址位于河南郑州西北23公里枯河北岸二级阶地南缘，北距黄河约4公里，北依邙山余脉——西山。

1993年至1996年间，国家文物局第七、八、九期考古领队培训班先后在此举办，发现该城址。

经发掘探明，城址平面近似圆形，直径约180米，推测城内面积原有2.5万余平方米。因枯河冲刷及山坡流水浸蚀，城址的南部已被破坏。现存面积约占原城址的五分之四，即1.9万余平方米。如果将城墙及城壕的范围也计算进去，面积可达3.45万平方米。现存城墙残长约265、墙宽3～5、存高1.75～

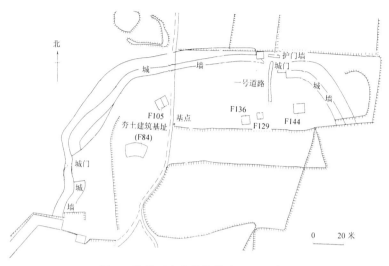

图三　郑州西山史前期城址平面示意图

2.5 米，全部埋于今地表以下。西北城角底宽 11、顶宽约 8 米
（图三）。城墙采用方块版筑法，建筑方法是先在拟建城墙的区
段挖筑倒梯形基槽，然后在槽底平面上分段、分层夯筑城墙。
墙外壕沟宽约 4～7 米，西北段墙外更宽达 11 米，沟深 3～4.5
米。发现城门两座，其中西门设在西北隅，存宽约 17.5 米；
北门设在东北角，存宽约 10 米，东西两侧分别有略呈三角形
的附筑城台，外侧正中横筑了一道长约 7、宽约 3.5 米的护门
墙。正对北门处有一条宽约 1.75 米的南北向道路纵贯城址东
北部，残长 25 米，用粗砂混合红烧土碎粒铺成。城内已发掘
房基两百余座，均系平地起建。西门内东侧有一座大型夯土建
筑基址，平面略呈扇形，东西长约 14、南北宽约 8 米。其北
侧是一个面积达 100 平方米的广场。发掘窖穴和灰坑近两千
个、墓葬和瓮棺葬一百四十三座。在房基和城墙底部发现用人

骨奠基和祭祀的遗迹。此城修筑和使用年代在仰韶文化晚期，绝对年代大约在公元前3300至公元前2800年，为迄今中原地区发现的最早的城址。其运用方块版筑法大规模建造城墙是一个创举[5]。

此外，在河南郾城郝家台[6]、辉县孟庄[7]、新密古城寨以及山西襄汾陶寺等地亦发现龙山文化时期古城址[8]。

2. 下游地区城址

黄河下游史前期城址先后发现于章丘城子崖、寿光边线王、邹平丁公、阳谷景阳岗等地。

(1) 城子崖城址

城子崖城址位于山东章丘龙山镇东武源河畔的台地上。

1930年冬，中央研究院与山东省政府合组山东古迹研究会，由李济主持在此进行首次发掘，参与者有董作宾、郭宝钧、吴金鼎、李光宇、王湘等。1931年10月，又由梁思永主持了第二次发掘，有吴金鼎、刘屿霞、王湘、刘锡增、张善等参加。

就两次发掘所获，由傅斯年、李济、董作宾、梁思永、吴金鼎、郭宝钧、刘屿霞等七人编著了《城子崖——山东历城县龙山镇之黑陶文化遗址》一书，于1934年在南京出版。据此书第三章"建筑之遗留"可知，围绕遗址的城墙似为一南北长约450、东西长约390米、方位恰正的长方形，东北角已被破坏，残存城墙高度2～3米。东墙南端基宽10.6米。城墙的建筑程序是先在地面上挖成一道宽约13.8、深约1.5米的圆底基沟，而后将沟用生黄土层层填满，筑成坚固的墙基，在墙基上再建筑墙身。墙基不是全部建筑在生土上，有一部分是筑在含黑陶的土层上。墙身靠里面的一侧以黄土筑成，靠外面的一侧用灰土建成，可判明里侧之黄土是后加的。此墙当为黑陶时期（即遗留下层遗物）之城子崖居民所筑，并且是在城子崖居住了相当的时间后才开始修筑的。在附录"城子崖与龙山镇"中，董作宾又进一步推测黑陶文化时代约当夏之中叶至殷之末叶，即在公元前 2000 至公元前 1200 年之间[9]。此"黑陶文化"后以该遗址名称作龙山文化，并以漆黑光亮的蛋壳陶而闻名。

进入 20 世纪 80 年代，随着山东地区龙山文化至岳石文化（相当于夏代）发展序列的确立，城子崖遗址的内涵、性质等问题又被重新提起。为此，自 1989 年起，山东省文物考古研究所张学海等对城子崖遗址又进行了复探和试掘，至 1992 年告一段落。

在复探中找到 1931 年发掘的探沟，证实当年认为是龙山文化的黑陶期堆积层实际上属于岳石文化，故这座面积约 17 万平方米的古城修筑和使用的年代当在夏代。而在此城周围新发现的下层城墙遗迹则可判明是属于龙山文化时期。龙山文化城北垣弯曲，中部呈弧形显著外突，其余三面城垣平直。城东西长 455、南北最大距离为 540 米，面积 20 余万平方米（图四）。残存的城墙深埋于地表以下 2.5～5、残宽 8～13 米。城墙由堆筑、版筑结合筑成，拐角呈弧形，属台城类型，墙体壁面外陡内缓。其南北两门互相对应，连以通道。北部外凸部分地下似有大型建筑基址。城垣始建于龙山文化早期，即公元前 2600 年左右。又经不断修筑，使用时间经历了龙山文化的全过程。而龙山文化和岳石文化城址在层位上互相衔接，不存在间歇层，这在器物演变上亦可得到证实。此为一座时跨龙山文化和夏代两阶段的早期城址。其上层残存有春秋时期城址，沿

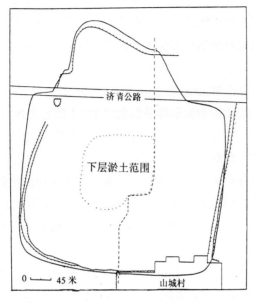

图四　山东章丘城子崖史前期城址平面示意图

岳石文化城垣两侧而筑[10]。

（2）边线王城址

边线王城址位于山东寿光西南约 12 公里的边线王村北。1984 年至 1990 年间，山东省文物考古研究所张学海等在此进行发掘。

该城址仅残存两个城圈的基槽，内圈平面近圆角方形，东西、南北各长约 100 米，面积约 1 万平方米。东北两面正中有门，宽约 10 米。外圈平面近不规则的方形，边长约 240 米，面积约 5.7 万平方米，东、西、北三面发现有门。其基槽草率，口大底小，口宽 4～6、局部宽达 8、深 2～3 米。在外圈基槽夯层内发现多处完整的人、狗、猪骨架及可复原的陶器，当属奠基遗存。其内城建造在前，估计在公元前 2300 年左右；外城修筑在后，属龙山文化晚期。城址东南部有外城时期的灰坑压着内城东基槽的层位关系，可知外城建成后，内城城垣已被夷平[11]。

（3）丁公城址

丁公城址位于山东邹平东北约 13 公里丁公村东。1991 年至 1993 年间，山东大学历史系考古专业栾丰实等在此发现该城址并进行发掘。

其平面略呈圆角方形，四周城垣比较规整，城内部分南北长约 360、东西宽约 330 米，面积约 11 万平方米。城墙宽约 20、残存高度 1.5～2 米。墙基部发现有涵洞式排水设施。墙外侧有宽约 20、深 3 米多的壕沟。城内较大面积的地面建筑用小孩或成人奠基，还发现有陶窑、水井等遗迹。在一座属龙山文化晚期的灰坑中发现一片刻有五行十一字的陶片。城址修筑和使用年代约在公元前 2600 至公元前 2000 年之间，基本上包括了龙山文化全过程，并沿用到岳石文化时期。后又发现，在此城范围内曾先建有一座小城[12]。

（4）景阳岗城址

景阳岗城址位于山东阳谷东南 17 公里，原为一较高沙岗。

1994 年至 1996 年间，山东省文物考古研究所李繁玲等经调查与试掘探明，城址为东北—西南向，平面略呈圆角长方形，长约 1150、宽 300～400 米，包括城墙在内总面积约 38 万平方米。城墙顶部宽 10.5～12.5、下部宽 19～20.5、残高 2～3 米。南、西、北三面城垣中部有缺口，当为门址。在城址南部发现一座大台基，平面略呈圆角长方形，方向与城墙一致。其南北长约 520、两端宽 175 米，面积 9 万余平方米。大台基北有一座小台基，平面略呈方形，面积在 1 万平方米以上。两座台基均系利用自然沙丘加工而成，原当有大型建筑。小台基夯土中发现人头骨，边缘发现有祭坑遗迹及完整的牛、羊骨架。城址年代属龙山文化中晚期[13]。

此外，还在山东临淄田旺、滕州尤楼、阳谷王家庄、皇姑冢、茌平教场铺、尚庄、乐平铺、大尉、东阿王集、费县防城及江苏连云港藤花落等地发现龙山文化时期古城址[14]，在滕州西康留及五莲丹土等地则发现属大汶口文化晚期的古城址。丹土城始筑于大汶口文化晚期，平面略呈椭圆形，东西长约400、南北宽约 300 米，城内面积约 9.5 万平方米。后在龙山文化早期及中期又连续向外扩展[15]。

大汶口文化及龙山文化城址，除边线王城可以确认为墙内外侧皆用版筑外，大多由堆筑与版筑相结合筑成，即墙外壁采用版筑以求陡直，墙内侧采用堆筑而形成缓坡，外形如高台，称台城。

3.河套地区城址

河套地区即内蒙古包头阿善、威俊、凉城老虎山等地已发现史前期城址十八座。其城墙均为石砌。

（1）阿善城址

阿善城址位于包头东 15 公里的阿善沟门东，北倚大青山，南濒黄河。1979 年，包头市文物管理所发现此遗址。1980 年，其与内蒙古社会科学院蒙古史研究所共同组成发掘组，对遗址进行发掘。

此遗址有二城，分筑在东西两处台地上，相距约 250 米。西台地城址平面呈不规则形，南北长约 240、东西宽约 50～120 米，随台地起伏修建，有的地段几道石墙并行，有的地段利用陡峭岩崖而不筑石墙。其南端有一建筑群遗址，在南北长80、东西宽30米的岗梁上，东、西、南三面边缘均有石墙。城内发现由十八座石块垒砌的圆石堆，作南北一线排列，全长51米。以最南端的一座石堆最大，底径8.8、存高2.1米。其后十六座规模基本相等，底径在1.4~1.6米之间，在最后两座石堆空档的两侧有一底径1.1米的石堆。其可能为祭坛遗迹。东台地城址亦为不规则形，自东至西南长约260、西北至东南宽约120米。北墙有一个宽1.5米的豁口，可能是门址，向外斜坡路面上铺一层石片，墙内发现有路土。石墙大部分砌于生土之上，墙身用石块垒筑而成，曲直不一，厚度不同，有的地段残存高度尚有1.7米。部分地段厚达1~1.2米，断面呈梯形，砌筑方法多为交错叠压，相交处用黄绿色土泥固定，空隙间填以碎石[16]。

（2）威俊城址

在阿善城址以东20公里范围内还发现有西园城址、莎木佳城址（两座）、黑麻板城址及威俊城址（三座）等。

威俊城址在东西排列的三个台地上各建一城。西台地的东、西、南边缘留有石砌围墙基址，北部梁后为陡峭的山崖，未发现围墙痕迹。在中部山梁上发现由北向南一字形排列的房址五座，北高南低，分阶而筑，前面筑有石砌护坡墙，房子的北墙均利用护坡墙起筑。在其他部位亦发现石砌房址十余座。中台地围墙略呈扇形，基宽0.7~0.8米，墙内面积约8000平方米。在西南隅发现一座人工堆建的土丘，现存底径12、高1.5米。顶部和腰部各砌有石框一个，两个石框套砌呈回字形，基宽0.4米。丘顶石框正中铺砌有石块，平面略呈圆形。其当为祭坛遗迹。在东南部还发现五座石砌房址。东台地围墙呈不规则的长方形，长 120、宽 65 米，墙存高 0.4～0.8、宽 1～1.2 米。在东南部有三座南北直线排列的土石建筑物。其一筑于北端高出地面 4 米的小山丘顶部，上有圆角方形回字石框，正中为石块铺砌的圆形面。其南 150 米有一座底径约 22 米的圆形土丘，丘顶为方形平台，外围砌回字形石框。其南 60 米有用石块砌成的长方形台基，南北长 28、东西宽 1.6、存高 0.7 米。此亦当为祭坛遗迹[17]。

这几座城址相间分布在包头大青山西段的南麓台地上，前临土默川，隔川与黄河相望，属同一文化类型。城的建造年代应在公元前 2600 年左右[18]。

（3）老虎山城址

老虎山城址位于凉城西南约 20 公里的老虎山南坡，北倚蛮汗山，南临与岱海相连的低洼地带，东有老虎沟，泉水长流。

1982 年至 1983 年间，内蒙古文物工作队田广金等经发掘探明，石墙依山势走向修筑，上窄下宽，呈不规则三角形。北墙保存较好，长约 600 米，西南墙残留痕迹长约 405 米，两道墙在遗址西北角的山顶上汇合，与山顶平台上边长约 40 米的小方城相连接。遗址最低处南部尚保留一段长 20 余米的石墙残基，面积约 13 万平方米。石墙残存最高处 1.2、宽 0.8～1 米。其外侧平齐，内侧不规整，估计原来的墙体可能是土墙外包石头边。墙外有深沟。城内发现有石砌房址、灰坑、墓葬等，西南部石墙外发现有窑址。其小方城北部有两门，两门内侧中间有长方形石砌房基，似为门房；中部最高处有石头铺地的建筑痕迹[19]。

在老虎山城址西南有西白玉城址、东北有板城城址及大庙坡城址。此四座城址均位于蛮汗山南麓向阳避风坡地上，面向岱海及与岱海相连的开阔盆地。其间并存有未发现石围墙的聚落址多处。存在时间在公元前 2800 至公元前 2300 年，属老虎山文化。

此外，在准格尔黄河西岸发现有塞子塔城址、寨子上城址（两座），清水河境内黄河东岸发现有马路塔城址及后城嘴城址等[20]。

这些石城或相间成群，或邻近成组。其多择址于山岗河崖等地势险要之处，设防护卫的色彩较为强烈。

（二）长江流域诸城

史前期城址在长江流域亦多有发现，已达十余座，主要分布于长江上游及中游地区。

1. 上游地区城址

在长江上游四川盆地新津宝墩、郫县梓路、都江堰芒城等地发现史前期城址六座。

（1）宝墩城址

宝墩城址位于新津西北约 5 公里的台地上，西南临铁溪河。其地面可见有明显的土垣。

1995 年冬，成都市文物考古工作队王毅等对城址进行调查和试掘，而后又于 1996 年冬与日本早稻田大学等组成中日联合考古调查队再次进行发掘，探明整个城垣为东北—西南走向，平面呈长方形，北垣和南垣各长约 600 米，东垣、西垣各长约 1000 米，周长约 3200 米，面积达 60 万平方米（图五）。城墙建于高出当时周围地面约 3 米的台地边缘，现残存最高处

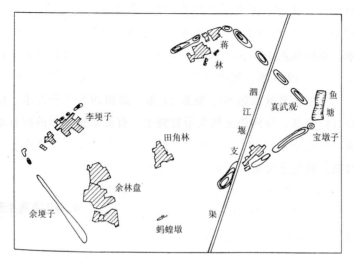

图五 四川新津宝墩史前期城址平面示意图

约 5、顶宽 7~9、底宽 29~31 米。整个墙体无坍塌和二次增补的迹象，应为一次性夯筑而成。夯筑方式有水平、斜面拍打两种。城址发现有房址、灰坑和墓葬等。

此遗址的年代可判定在公元前 4500 至公元前 4000 年之间。而据城墙下叠压有早期堆积层及墙脚上又被晚期堆积层叠压等迹象可推知，城墙的修筑年代当在早期末或晚期初，使用年代在晚期，属宝墩文化时期[21]。

（2）梓路城址

梓路城址位于郫县北约 8 公里的古城村与梓路村之间。遗址区地面存有一周较完整的城垣。

1996 年冬，成都市文物考古工作队蒋成等开始调查和试掘，而于 1997 年底又进行大规模的勘探发掘，探明城址呈西北—东南走向，平面呈长方形，长约 637、宽约 487 米，面积

31 万多平方米。其北垣宽约 8～30、残高 1～2.8 米，西垣宽约 16～40、残高 1.1～3.8 米，南垣宽约 8～35、残高 1～5 米，东垣宽约 16～35、残高 0.8～2.6 米。在东垣北段有一缺口，宽约 12.5 米。城内发现有房址、灰坑及墓葬等。其中一座大型建筑基址长达 50、宽近 11 米，面积约 550 平方米，以卵石作墙基，房内垫土掺大量红烧土，有五处长方形的卵石堆积，可能是五座台子，属礼仪建筑。城的修筑年代在宝墩文化时期，略晚于宝墩城[22]。

（3）芒城城址

芒城城址位于都江堰南约 12 公里。遗址区地面存有明显的土垣，其断面夯层可见。

1996 年至 1997 年间，成都市文物考古工作队对城址进行调查，并做了两次试掘。其平面呈较规则的长方形，分内外两圈。内圈南北长约 300、东西宽约 240 米，面积约 7.2 万平方米。内圈土垣较外圈保存完整，西垣残长约 270、北垣残长约 185、南垣残长约 210 米，东垣仅剩下南段与南垣相接部分，土垣残宽约 5～20、残高 1～2.2 米。内、外土垣间距 20 米，其间地面较城内、外都低。据此推测，外圈东西宽约 300、南北长约 350 米，整个城址的面积约为 10.5 万平方米。外圈北垣残长约 180、南垣残长约 130 米，土垣残宽约 7～15、残高约 1～2.5 米，东西两垣已基本不见。城内发现有房址、灰坑等。城垣年代与宝墩城相当或略晚[23]。

此外，在温江鱼凫[24]、崇州双河及紫竹等地亦发现有宝墩文化时期古城址[25]。

2．中游地区城址

在长江中游湖北、湖南交界地带天门石家河、荆州阴湘城及澧县城头山等地发现史前期城址八座。

（1）石家河城址

石家河城址位于湖北天门西北约 15 公里石家河畔。这里原发现有数十处屈家岭文化及石家河文化遗址。为搞清此遗址群之间的关系，1990 年至 1992 年间，北京大学考古系和湖北

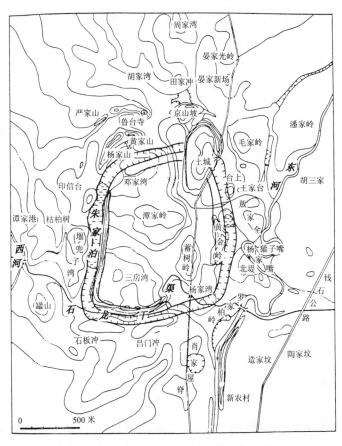

图六　湖北天门石家河史前期城址平面示意图

省文物考古研究所等多次进行调查和发掘，探明城墙及城壕之所在，从而确定其为一座城址。

其平面呈圆角长方形，南北长约1200、东西最宽处约1100米，面积约120万平方米。西垣、南垣和部分东垣合计约有2000米的城墙尚存留于地表，顶面宽8～10、底部宽50米以上，最高处6米左右。紧靠城垣的外侧环绕一周沟壕，主要系人工开挖而成，局部利用自然冲沟加以连通。城壕周长4800米左右，一般宽80～100米，最窄处60米左右，壕底与今存城垣顶高差6米左右（图六）。在城内中央潭家岭、西南三房湾及东南蓄树岭等遗址发现有大批房址，有的房屋用土坯砖筑墙。城西北部邓家湾遗址出土大量狗、鸟、鸡、羊、象、鳖和跪坐人抱鱼等陶塑，可能为专业生产地。在城外东南部罗家柏岭遗址发现有庭院式建筑遗迹，出土蝉形饰、龙形环、凤形环、璧、人头像等精美玉器以及玉石器半成品和石料等。邓家湾西部及城外南部肖家屋脊等处发现有墓葬。该城始建年代不早于屈家岭文化中期，主要使用和繁盛期在石家河文化早中期，是迄今在长江流域发现的规模最大的史前期城址[26]。

（2）阴湘城城址

阴湘城城址位于湖北荆州西北约25公里菱角湖畔。其地在清代"垣址宛然，冈阜方平，土人以城名之"。

1991年冬，为确定该城城址的时代和文化内涵，荆州博物馆陈跃均等对其东城墙进行了解剖。1995年春，又由荆州博物馆与日本福冈教育委员会联合组成考古队再次进行调查和发掘。

其城址平面略呈圆角方形，东、西、南三面城垣保存完好，南垣与东垣转角处略外凸，遗址北侧被湖水冲毁，北垣已无存。现存城址东西长约580、南北残宽约350、城垣宽约10～25米，东垣基脚最宽处为46米。现存城垣长约900米，高出城内附近地面约1～2米，高出城外城壕约5～6米。城壕宽约30～40米。城内东部、西部地势较高，可能属居址遗存。城址中部为一条宽约50米的南北向低洼地，可能是古河道，存有原始稻作遗迹。此地在大溪文化时期已形成聚落，至屈家岭文化早期开始修筑城垣，后又有多次修补，并沿用到西周时期[27]。

（3）城头山城址

城头山城址位于湖南澧县西北约10公里徐家岗南端突起的小土阜东头，南临澹水。其所在属洞庭湖西北岸澧阳平原的中心地区，与江汉平原连成一片。

1991年冬，湖南省文物考古研究所单先进等开始在此进行调查和试掘，而后有何介钧等参与，至1998年已发掘八次。

其城垣至今犹存于地面之上，城墙高出城外平地5～6米。城址平面呈相当规整的圆形，外圆直径325、内圆直径314～324米，面积约8万平方米。东、南、北三面中部各开一门。东门底部发现有卵石路面。北门地势最低，内有一直径30余米的圆形大堰，大堰水面通过北门与城外护城河相连接，故北门当为水门。护城河宽35～50、深约4米，部分为人工开凿，部分利用了自然河道（图七）。城内中央部位发现成片夯土台基，有的房屋建于高达1米多的夯土台基上，显示出较高规格。在东部及西南部亦发现有许多房基址。西南部居住区还发现一条宽2米余、由红烧土铺成、两旁有排水沟的道路。在西部发现一处包括多座陶窑、多条取土坑道和众多贮水坑和泥坑以及工棚的大溪文化制陶作坊区。在西北部等处发现有大面积

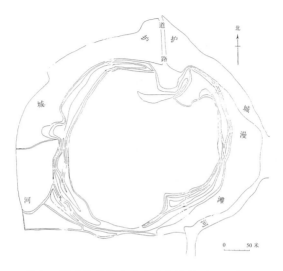

图七　湖南澧县城头山史前期城址平面示意图

墓葬区，已清理墓葬五百余座。在东垣内侧发现祭坛，其大体呈不规整的椭圆形，南北长径约 16、东西短径约 15 米，面积超过 200 平方米。祭坛上发现圆形浅坑、瓮棺葬及土坑墓，祭坛外亦发现有置放动物骨骼、陶器、大砾石等的土坑，当均与祭祀活动有关。此祭坛建造于大溪文化一期，不晚于距今6000 年，而一直使用到大溪文化二期偏晚，即距今 5800 年左右。与此相应，亦可通过解剖城墙判明，此城址第一期城墙筑造于大溪文化一期，时间已超过六千年。这时的城头山古城规模和范围即已定型，因此，城头山古城应是中国目前所见最早的一座城。其第二期城墙的时代可大致定为大溪文化中晚期，即距今 5600～5300 年之间。而第三、四期城墙的时代则当属屈家岭文化早期和中期，即距今 5200～4800 年之间[28]。

　　此外，在湖南澧县鸡叫城[29]，湖北石首走马岭[30]、荆门马家院[31]、公安鸡鸣城[32]、应城门板湾等地亦发现古城址[33]，均修筑于屈家岭文化时期，而沿用至石家河文化时期。

如此众多的史前期城址的发现，为探讨中国古代城市起源及早期国家形态提供了实例。由此表明，中华大地在五六千年前已有城的建造，且已明显具有古国性质。其"万国"林立而又互为连属，呈东（今山东及江苏北部地区）、南（今湖北、湖南交界）、西（今四川盆地）、北（今河套地区）、中（今河南、山西地区）五方分布之势，正与三皇五帝时期在局部联合的基础上形成中华共同体的史实相应。

注　释

[1] 尹达《中国新石器时代》，《中国新石器时代》（论文集），三联书店 1955 年版；胡厚宣《殷墟发掘》，学习生活出版社 1955 年版。

[2] 中国社会科学院考古研究所安阳工作队《1979 年安阳后冈遗址发掘报告》，《考古学报》1985 年第 1 期。

[3] 河南省文物研究所、中国历史博物馆考古部编《登封王城岗与阳城》，文物出版社 1992 年版。

[4] 河南省文物研究所、周口地区文化局文物科《河南淮阳平粮台龙山文化城址试掘简报》，《文物》1983 年第 3 期；曹桂岑《淮阳平粮台龙山文化城址出土的陶瓿和陶水管》，《华夏考古》1991 年第 2 期。

[5] 国家文物局考古领队培训班《郑州西山仰韶时代城址的发掘》，《文物》1999 年第 7 期。

[6] 杨清《河南郾城郝家台遗址出土的陶瓶和陶鬶》，《华夏考古》1991 年第 2 期；河南省文物研究所、郾城县许慎纪念馆《郾城郝家台遗址的发掘》，《华夏考古》1992 年第 3 期。

[7] 河南省文物考古研究所《河南辉县市孟庄龙山文化遗址发掘简报》，《考古》2000 年第 3 期。

[8] 蔡全法、马俊才、郭木森《龙山时代考古的重大收获》，《中国文物报》2000 年 5 月 21 日；梁星彭《陶寺遗址发现夯土遗存》，《中国文物报》2000 年 7

月 16 日。

[9] 《城子崖——山东历城县龙山镇之黑陶文化遗址》，中央研究院历史语言研究
所 1934 年版。

[10] 张学海《章丘县城子崖古城址》，《中国考古学年鉴·1991 年》，文物出版社
1992 年版；张学海《城子崖与中国文明》，《纪念城子崖遗址发掘 60 周年国
际学术讨论会文集》，齐鲁书社 1993 年版。

[11] 张学海《寿光县边线王龙山文化城堡遗址》，《中国考古学年鉴·1985 年》，
文物出版社 1985 年版；山东省文物考古研究所《前进中的十年——1978～
1988 年山东省文物考古工作概述》，《文物考古工作十年》，文物出版社 1990
年版。

[12] 山东大学历史系考古教研室《邹平丁公发现龙山文化城址》，《中国文物报》
1992 年 1 月 12 日；栾丰实《邹平县丁公新石器时代至汉代遗址》，《中国考
古学年鉴·1992 年》，文物出版社 1994 年版；山东大学历史系考古专业《山
东邹平丁公遗址第四、五次发掘简报》，《考古》1993 年第 4 期。

[13] 山东省文物考古研究所、聊城地区文化局文物研究室《山东阳谷县景阳岗龙
山文化城址调查与试掘》，《考古》1997 年第 5 期。

[14] 张学海《鲁西两组龙山文化城址的发现及对几个古史问题的思索》，《华夏考
古》1994 年第 4 期；《试论山东地区的龙山文化城》，《文物》1996 年第 12
期；李玉亭《费县防城遗址》，《中国考古学年鉴·1996 年》，文物出版社
1998 年版；林留根、周锦屏、高伟、刘厚学《藤花落遗址聚落考古取得重
大收获》，《中国文物报》2000 年 6 月 25 日。

[15] 任式楠《中国史前城址考察》，《考古》1998 年第 1 期；山东省文物考古研
究所《五莲丹上发现大汶口文化城址》，《中国文物报》2001 年 1 月 17 日。

[16] 内蒙古社会科学院蒙古史研究所、包头市文物管理所《内蒙古包头市阿善遗
址发掘简报》，《考古》1984 年第 2 期。

[17] 刘幻真《内蒙古包头威俊新石器时代建筑群址》，《史前研究辑刊》，1988 年。

[18] 田广金《内蒙古长城地带石城聚落址及相关诸问题》，《纪念城子崖遗址发掘
60 周年国际学术讨论会文集》，齐鲁书社 1993 年版。

[19] 田广金《凉城县老虎山遗址 1982～1983 年发掘简报》，《内蒙古文物考古》
1986 年第 4 期。

[20] 同 [18]。

[21] 成都市文物考古工作队、四川联合大学考古教研室、新津县文物管理所《四
川新津县宝墩遗址调查与试掘》，《考古》1997 年第 1 期；中日联合考古调

查队《四川新津县宝墩遗址 1996 年发掘简报》,《考古》1998 年第 1 期。

[22] 成都市文物考古工作队、郫县博物馆《四川省郫县古城遗址调查与试掘》,《文物》1999 年第 1 期;王毅、蒋成、江章华《成都地区近年考古综述》,《四川文物》1999 年第 3 期。

[23] 成都市文物考古工作队、都江堰市文物局《四川都江堰市芒城遗址调查与试掘》,《考古》1999 年第 7 期。

[24] 成都市文物考古工作队、四川联合大学历史系考古教研室、温江县文物管理所《四川省温江县鱼凫村遗址调查与试掘》,《文物》1998 年第 12 期。

[25] 王毅、蒋成、江章华《成都地区近年考古综述》,《四川文物》1999 年第 3 期。

[26] 石河考古队《湖北省石河遗址群 1987 年发掘简报》,《文物》1990 年第 8 期;北京大学考古系、湖北省文物考古研究所、湖北省荆州地区博物馆石家河考古队《石家河遗址群调查报告》,《南方民族考古》第 5 辑,1992 年;石河考古队《湖北天门市邓家湾遗址 1992 年发掘简报》,《文物》1994 年第 4 期。

[27] 荆州博物馆、福冈教育委员会《湖北荆州市阴湘城遗址东城墙发掘简报》,《考古》1997 年第 5 期;荆州博物馆《湖北荆州市阴湘城遗址 1995 年发掘简报》,《考古》1998 年第 1 期。

[28] 湖南省文物考古研究所、湖南省澧县文物管理所《澧县城头山屈家岭文化城址调查与试掘》,《文物》1993 年第 12 期;湖南省文物考古研究所《澧县城头山古城址 1997～1998 年度发掘简报》,《文物》1999 年第 6 期。

[29] 尹检顺《澧县鸡叫城新石器时代晚期遗址又有新发现》,《中国文物报》1999 年 6 月 23 日。

[30] 张绪球《石首市走马岭屈家岭文化城址》,《中国考古学年鉴·1993 年》,文物出版社 1995 年版;荆州市博物馆、石首市博物馆、武汉大学历史系考古专业《湖北石首市走马岭新石器时代遗址发掘简报》,《考古》1998 年第 4 期。

[31] 湖北省荆门市博物馆《荆门马家院屈家岭文化城址调查》,《文物》1997 年第 7 期。

[32] 贾汉清《湖北公安鸡鸣城遗址的调查》,《文物》1998 年第 6 期。

[33] 陈树祥、李桃元《应城门板湾遗址发掘获重要成果》,《中国文物报》1999 年 4 月 4 日。

二　夏商城址

寻找夏商城址的工作可以追溯至 20 世纪 20 年代末对殷墟的发掘，50 年代末又有调查"夏墟"之举。经多年努力，已取得重要进展，商都亳、隞、相诸城址均已发现并得以确认，在湖北、山西、四川等地还发现盘龙城商城、垣曲商城和东下冯、三星堆城址等，在北方内蒙古赤峰等地则发现众多的相当于这一时期的夏家店下层文化城址。

（一）夏代城址

1959 年夏，中国科学院考古研究所徐旭生等到河南登封、禹县、巩县、偃师等处进行调查，确定以豫西、晋南一带作为寻找"夏墟"的重点区域[1]。随后，对二里头遗址和东下冯遗址等的发掘工作也相继展开。

（1）二里头遗址

二里头遗址位于河南偃师西南约 10 公里洛水南岸（洛水故道在其南）。1959 年秋，中国科学院考古研究所赵芝荃等开始发掘，后一直持续进行。

遗址南北长约 2000、东西宽约 1500 米，地面上有四块较高的地块。其中最大的一块在遗址中部，面积约 12 万平方米，已探出数几十座宫殿基址，占地约 8 万平方米。在宫殿周围发现一般房屋基址、墓葬及青铜器作坊、制骨作坊遗址、烧制陶器的陶窑等。其时代大致在公元前 1900 至公元前 1400 年间。已发掘的 1 号宫殿基址平面略呈正方形，面积约 1 万平方米。中心殿堂平面呈长方形，东西长约 30、南北宽约 11 米，坐北朝南，为四坡屋顶式建筑。堂前为庭院，四周为廊庑，南面设门。其东北部有 2 号宫殿基址，平面呈长方形，东西宽约 58、南北长约 72 米。中心殿堂平面呈长方形，东西长约 32、南北宽约 12 米，坐北朝南。前为庭院，后有一座与之同期的大墓。东、西、北三面有夯筑墙垣，南面有带东西塾和穿堂的庑式大门。修筑时间均属二里头文化三期，约在公元前 1700 至公元前 1600 年间。这里迄今未发现有城墙。就其所在方位、存在时间及规模等，发掘者曾一度推断为汤都亳城，后又改为桀都斟寻等[2]。而据有关记载，古斟寻之地当在今巩县西南，与此地望不合。又据《逸周书·史记解》言："宫室破国。昔者有洛氏宫室无常，池圃广大，工功日进，以后更前，民不得休，农失其时，饥馑无食，成商伐之，有洛以亡。"孔晁注："汤号曰成，故曰成商。"其有洛氏或即居此，当为夏之属国。

（2）东下冯遗址

东下冯遗址位于山西夏县东北约 15 公里的青龙河南、北岸台地上，处在"夏墟"的范围之内。

1974 年秋至 1979 年冬，中国科学院考古研究所孟凡人等在此发掘。遗址总面积约 25 万平方米，分东、中、西（南岸）、北（北岸）四区。文化面貌与二里头文化大同小异，称东下冯类型，所属年代约在公元前 1900 至公元前 1600 年间。

在中区发现城址一座，其北部被水冲毁，残存部分城垣已被全部覆盖，东垣南段长 52、西垣南段长 140、南垣总长 440 米，中段有折曲，东垣与西垣之间相距约为 370 米。在南垣接近西南拐角处探沟发现，城墙残高 1.2～1.8 米，外侧近直，内侧外斜，剖面呈梯形，底宽 8、残顶宽约 7 米。两侧有夯筑的斜坡。外侧有城壕，口宽 5.5、底宽 4、深达 7 米。城墙筑在时代不明的第四层和属于庙底沟第二期文化的第五层之上，斜坡上压有属于商代二里冈期上层文化堆积。在东垣南段探沟发现，城墙残高约 1、底宽 7.8、残顶宽 6.7 米。墙外亦有城壕。城墙筑在庙底沟第二期文化层上，保护城墙的斜坡亦被二里冈期上层文化堆积覆盖。在城内西南部发现有与城墙属同时期的圆形建筑基址群。另外，还发现灰坑、水井及墓葬等。发掘者将城的修筑年代确定为属东下冯遗址第五期，已在商代早期[3]。而综合整个遗址及城墙的叠压关系等来看，似亦并不排除其建造于更早一些的夏代的可能性。

（二）商代都城

商自成汤称王，建都于亳，后至仲丁迁隞，至河亶甲迁相等，前后数迁。

（1）亳城

据史书记载，商都亳城在河南偃师一带，然不能确指。自 20 世纪 70 年代以来，偃师西南塔庄附近有多件商代铜器相继出土，遂引起注意。

1983 年春，中国社会科学院考古研究所洛阳汉魏故城工作队段鹏琦等配合一项工程选址进行勘察，首先在大槐树村西南发现了古城址的西北角，随即扩大勘察区域，基本上探明了城址的范围、形制及所属时代。其位于偃师西南洛水北岸稍稍隆起的高地上，城垣等遗迹绝大部分深埋于地下，地面上无可寻觅。经勘探得知，平面略呈菜刀形，西垣长 1710、北垣长 1240、东垣长 1640 米，南垣未找到，西垣南端与东垣南端间距 740 米，面积约 190 万平方米。城墙宽度西垣为 17～24、北垣为 16～19、东垣为 20～25 米。北垣中段偏西处缺口发现有南北向路土，推测为北城门。东垣和西垣中段缺口相对应，连以东西向的淤土沟，推测为古尸乡沟遗迹。城内发现有四处大型夯土建筑群址。北垣南约 560 米处发现一条东西向路土遗迹，宽约 8、长 600 余米。通过考古钻探和小型发掘可以推断，其是商代前期的城址，为汤都西亳之所在[4]。

1983 年秋，中国社会科学院考古研究所河南第二工作队赵芝荃等对城址进行复探，发掘西垣中段偏北第 2 号城门，在城内该城门南侧 4 米处，发现一条与城墙垂直相交的夯土建筑遗迹，推测是"马道"。而后重点转入对城内建筑群址的发掘。其Ⅰ号建筑群址位于城中偏南部，平面略呈正方形，围以 2～3 米宽的墙垣，北垣长 176、东垣长 230、南垣长 213、西垣长 233 米，面积约 45 万平方米，南面有门。中心有 1 号宫殿建筑基址，其左、右、后又分布有若干面积较大的建筑基址，前面有人道直通南门以外，大道两侧各有数座小型夯土建筑基址。已发掘的 4 号宫殿基址位于偏东北部，东临东围墙，平面呈长方形，东西长约 51、南北宽约 32 米。正殿位于北部，后有围墙，东有东庑，西有西庑，南为庭院，庭院南为南庑、南门。东北面发现一口水井，东北、东南和南庑南面发现三处石砌排水沟。5 号宫殿基址位于偏东南部，北距 4 号宫殿基址约 10 米，西部接近中部南向大道，东、南接近围墙。其包括上下两层。上层建筑基址平面呈长方形，北面是正殿，东、西两侧和东面、西面、南面各有庑址；下层建筑基址（后编为 6 号宫殿基址）平面呈□字形，北面基址较宽，其余三面较窄，四面基址之间是方形的庭院，院落中部有两口水井、一百多根小柱基槽和二十一个灰土坑。2 号宫殿基址位于偏西北部，正殿长约 90、宽约 11 米，东、西各有庑址。其南有 3 号宫殿基址，规模、布局、形制等与 5 号宫殿基址相类，二者所处位置对称、平行，间隔约 6 米，有连通南门的大道穿过。发掘者推断，此建筑群址为宫城所在。其西南、东北分别有Ⅱ号、Ⅲ号建筑群址，平面均略呈方形，每边长约 200 米，四周围墙宽约 2 米，围墙内为排房式建筑基址。在Ⅰ号建筑群址南部还有若干座宫殿建筑基址，组成一个庞大的宫殿建筑群，几乎布满大城的南半部。此外，通过钻探，还在城外西、北、东三面发现城壕遗迹等[5]。

1991 年，刘忠伏等勘探出南城墙坐落于洛水北堤北侧，东西全长 740 米。除东段约 40 米尚在农田外，其余已全部被覆压在塔庄村舍及道路之下。通过解剖发现，东段城墙上部墙体已无存，仅余 0.2～0.4 米厚的下部基槽残底，南北宽13.05 米。中段城墙尚保存有 0.3～0.5 米的墙体，南北宽 18米。下部基槽深 0.8～1、底宽 17.5 米。而后又对第Ⅱ号建筑群遗址进行发掘，至 1994 年告一段落，共揭露出大型建筑夯土基址十五座，并发掘部分东围墙。其建筑基址分为南北两排，南排六座，北排九座，大都保存有明显的下、中两层建筑遗迹，其中四座还残存有更晚的上层建筑遗迹。各排及每座建筑的间距相近，中部有较浅的排水沟相互贯通，构成网状排水系统。各单体建筑的结构布局相似，围墙以内干净整洁，无零乱杂物散落或堆积，也无用火痕迹，带有较浓厚的专用及封闭色彩。发掘者推断，其为当时国家最高级别的仓储之所[6]。

　　1996 年春至 1997 年春，杜金鹏、王学荣等在城址东北隅进行发掘，探明此段城墙墙体上部已遭破坏，现存部分顶宽13.7、底宽 16.5 米，残高以内侧基槽口为准计为 1.5～1.8米，以外侧基槽口为准计为 2.9 米。墙外城壕口宽约 20、深约 6 米。城墙内侧附属堆积即护城坡下灰坑内堆积夹杂有木炭、陶范、铜矿渣和铜渣等。在城墙下部夯土及附属堆积中也出土有木炭、铜渣、坩埚和陶范块。据此推测，在修筑这段城墙之前，此地原有一处商代早期的青铜冶铸作坊。城墙的建造年代应在偃师商城商文化第二期早段。与此同时，在宫殿区通过钻探，找到了早期宫城的南围墙及南门，在 5 号宫殿基址西部发现 3 号宫殿基址。又通过发掘和研究确认，东、西垣城门应各为两座，在南垣中部也应有一座城门。原发现的西二城门"马道"及与其大致呈一线的"路土"实为夯土基址，而渐判明所谓此东西向大道及其南折部分的主体，应是相互贯通连成一体的夯土基址，最有可能是一道墙体。由此推测，在原先发现的大城城圈内还存在一个小城，这经 1996 年秋钻探和 1997年至 1998 年的发掘已得以证实。其小城平面大体呈长方形，南北长约 1100、东西宽约 740 米（图八）。城墙宽度多为 6～7米，墙基槽较浅，处理草率。北垣、东垣毁坏严重，而被包夹在大城城墙之中的西垣、南垣则保存较好。由此可知，大城是在小城的基础上扩建而成。其从内外两侧加宽小城的西垣、南垣及东垣南段，并由小城西垣北端向北延伸新筑城墙约 600米，折而东行，再南折与小城东垣南段相接，形成菜刀状。在小城北垣外侧发现一段与城墙大体平行的壕沟。发掘者推断，小城的建造年代在偃师商城商文化第一期晚段，而废弃时间在大城扩建之际。与小城同时修筑的宫城正位于小城纵向轴线的

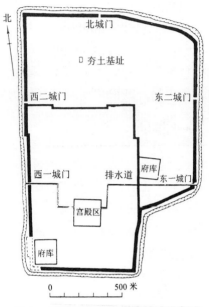

北

北城门

□ 夯土基址

西二城门   东二城门

西一城门   排水道   府库

东一城门

宫殿区

府库

0   500 米

图八　河南偃师商城城址平面示意图

中部偏南处，从宫城北部引出的两条用石板砌成的地下水道各连通大城东、西城门下石砌水道（图九），为迄今所见中国古代都城采用中轴线对称布局的最早实例。而小城城墙呈凹凸折曲状的设计，可能是后世城郭马面之滥觞。小城是成汤灭夏之后所建立的都城，应当是商王朝已经建立的标志[7]。

　　若结合有关记载来加以分析，似以小城建于成汤迁亳之时更为合理。《尚书大传》载："夏人饮酒，醉者持不醉者，不醉者持醉者，相和而歌曰：盍归于亳？盍归于亳？上（商）亳亦大矣。"伊尹以此告劝于桀，桀不听，"伊尹遂去夏适汤"[8]。这表明在夏末已建有亳城。时成汤为侯，能修筑如此规模的都城已相当可观，故言"亳亦大"。成汤即以此亳城为据点西进

图九　偃师商城东垣排水道遗迹

伐夏（时夏都在晋南），败桀于鸣条之野。《后汉书·逸民列传》载野王二老言："昔汤即桀于鸣条，而大城于亳。"其"大城于亳"，当即指扩筑此大城，时在成汤克夏、取代称王之后。经此次扩建，亳城面积较之原来扩大一倍有余，堪称"大亳"。史称"商汤有景亳之命"[9]。其"景"，训为大[10]。"景亳"即大亳。成汤称王后于此大亳城盟会诸侯，正可显示其为天下共主的气派。又《诗经·商颂·殷武》云："昔有成汤，自彼氐羌，莫敢不来享，莫敢不来王，曰商是常。"来此盟会、纳贡的诸方国君亦当居留于城内。其位于西南隅的Ⅱ号建筑群址，从建筑格局和保持整洁程度等来看，更像是为此而建造的客馆。

偃师商城的发现及全面揭示，为中国早期都城的研究提供了完整的实例。其小城营建在前，内有宫城，外有郭城。此回字形结构，既可显示君民有别，又能体现其合为一体，故为我国和世界上绝大多数国家长期采用。而后扩筑大城即外郭城，亦未改变其内城（宫城）外郭式的结构。

（2）隞城

商都隞城位于今河南郑州市区东部旧城及北关一带。

1955 年秋，河南省文物工作队安金槐等在白家庄地区的商代二里冈期文化层下面发现有叠压的坚硬的夯土层，其连续向东、西延伸，当时认为它可能是一段夯土构筑的河堤。1956 年至 1973 年间进行全面调查、钻探和发掘，发现夯土墙连接成一个纵长方形。其由白家庄西侧向西穿过紫荆山到杜岭街北侧折而向南，与旧郑州城西墙叠压着的商代夯层相连；由白家庄西侧向南，与旧郑州城东城墙叠压着的商代夯土层相接；在郑州旧城南墙下面也发现了商代夯土层。根据这四面相连的商代夯土墙，可以判断它是一座商代城址。其北垣长约 1690、东垣长约 1700、南垣长约 1700、西垣长约 1870、周长约 6960 米，墙基宽约 20、残高 1～9 米。城墙外侧为战国时期夯土层，内侧发现有商代二里冈早期夯土层及二里冈期下层和上层文化层叠压于夯土之上的现象。城内东北部宫殿区发现较大面积的夯土建筑基址，北垣外花园路西侧发现有制骨作坊及冶铜作坊遗址，西垣外杜岭街出土有铜方鼎，铭功路西侧发现有制陶作坊遗址，南垣外陇海东路南侧发现有冶铜作坊遗址等。其时代均属商代早中期[11]。此外，在旧城东南二里冈发现一段呈西南—东北走向的夯土墙，在其西南约200米处折向西延伸，至南关外又微向西北折，长约2100、宽约25米，夯土中包含有少量商代陶片[12]。后又发现与其相接的郑州商城外侧700～900米地带的西南及西部夯土墙约2900米。其南面的墙宽12米左右，西面的墙宽17米左右，均属基槽部分，残高1.2～2.3米，与郑州商城属同一时期（图一〇）。此城外夯土墙合计5000余米[13]。在城内东北部东里路与顺河路之间先后发现夯土墙基槽，长约

图一〇　郑州商城城址平面示意图

100、口宽7.8、底宽7.2米。其下压有二里头文化四期陶窑和灰坑，上被二里冈下层偏早阶段的灰坑所打破，修筑及使用时间要早于郑州商城，二者之间的关系尚不清楚[14]。

于郑州商城发现之初，安金槐即推断其当为商王仲丁所迁之隞城[15]。后邹衡又提出其当为成汤之都亳城[16]。综合各方面情况来考虑，似以隞城说较为有理。而此商城外南部及西部所发现的夯土墙，从夯土中包含有商代陶片等来看，似当为周初管叔所筑。《括地志》云："郑州管城县外城，古管国城也，周武王弟叔鲜所封。"当即指此而言。管叔后因参与武庚叛乱被杀，但死前即已开始在其受封之地营建都城并非没有可能。管城东北两面很可能是部分利用原商城城墙，而向西、南拓展，新筑外郭城。管叔被杀后，此城荒废，至战国之世，又另在原商城址重修。

（3）相城

商王河亶甲居相。据《元和郡县志》等记载，北魏时曾因之置相州于邺县（今河北临漳县西，位于漳、洹二水之间，隋唐以后移相州治于洹水南安阳）。20世纪60年代以来，在安阳洹水北岸三家庄、花园庄一带多次发现商代遗存。

1996年至1998年间，中国社会科学院考古研究所安阳工作队唐际根、徐广德、刘忠伏等通过钻探和发掘，判定其遗址面积不小于150万平方米，并在花园庄村东发现大片夯土遗迹和铜器窖藏等。1999年冬，经再次大规模钻探，终于发现四面城墙遗迹。其城址深埋于现今地表2.5米以下，平面近方形，方向北偏东13度。城墙基槽宽约10米，四面城墙的长度都在2000米以上，总面积超过400万平方米。城墙基槽夯土中所出陶片，年代最早者属龙山文化时期，最晚者早于殷墟大司空村一期而晚于郑州二里冈商文化白家庄阶段，城内所发现的房基、灰坑、水井、墓葬等与之大致相同。综合分析各种因素，其极有可能即为商都相城之所在[17]。

（4）殷墟

洹水之南有古殷墟，位于河南安阳西北小屯村一带，北临洹水。

20世纪初，罗振玉访得其为商代刻辞甲骨出土地。1928年，中央研究院历史语言研究所考古组董作宾等开始在此试掘。而后由李济、梁思永等主持发掘，至1937年共发掘十五次，先后参与者有郭宝钧、石璋如、刘燿（尹达）、胡厚宣、夏鼐、高去寻等。

在小屯东北地发现夯土建筑基址五十三座，其自北而南分为甲、乙、丙三组。最大者为乙八基址，南北长约85、东西宽约14.5米。建筑物多东西向，相互间排列不甚规整。在乙组基址范围内发现有小墓二百七十三座（或称祭祀坑）。石璋如推断甲组基址最早，可能是住人的；乙组基址次之，可能是宗庙所在；丙组基址最晚，可能是祭祀场所[18]。在洹水北岸侯家庄西北岗王陵区发现有属于商代中晚期的大墓十余座及大批小墓和祭祀坑等[19]。

自1950年起，中国科学院考古研究所恢复对殷墟的发掘，先后主持发掘工作者有郭宝钧、周永珍、张云鹏、安志敏、郑振香、杨锡璋等。在小屯东北地夯土建筑基址群西部及南部发现一条灰沟。其南北走向的一段长约1100米，北端接洹水南岸，在花园庄西南折向东，伸向洹水西岸。此东西走向的一段长约650米，沟宽7～21、深5～10米，在靠近洹水南岸的地方有大面积的淤土。此沟约修建于殷墟文化二期，即武丁晚期至祖庚、祖甲时期，下限可能到商代晚期。洹水流经这一带恰由东西向折成南北向，与大沟连接起来构成一封闭式的防御系统。此外，在北辛庄、孝民屯、苗圃北地、后冈、大司空村等地发现有居住遗址、铸铜和制骨作坊遗址，以及大批墓葬等[20]。在小屯、梅园庄等地还发现有二里头文化二至四期（或称下七垣文化）的文化遗存[21]。而通过遥感考古研究，在迄今所能开展工作的范围内，即东、北面以洹水为界，南至安李铁路，西至安阳钢铁公司东墙，基本上可以确定没有城墙[22]。

（三）方国城邑

除王都外，在湖北、四川、山西及河南等地还发现有盘龙城、三星堆、垣曲、府城等商代城址，当属方国城邑。

（1）盘龙城

盘龙城城址位于湖北黄陂叶店府河北岸高地，东北临盘龙湖。城址发现于 1954 年，当时地面上尚保存有较高的城墙，四面城墙中间各有一个缺口，可能为城门。

1974 年至 1976 年间，由俞伟超等主持，湖北省博物馆和北京大学历史系考古专业先后两次进行发掘。其时地面遗迹仅西墙和南墙较清楚，残高 1～3 米不等。1979 年至 1994 年间，盘龙城工作站又做了多次发掘。城址平面略呈方形，南北长约290、东西宽约 260、周长约 1100 米，面积约 7.54 万平方米。其北垣长约 261、残宽 21～38 米；东垣长约 287 米，墙体已毁，仅存基底内坡边缘；南垣长约 262、残宽 21～28 米；西垣长约 290 米、残宽 18～45 米。四面城墙缺口可确定为城门

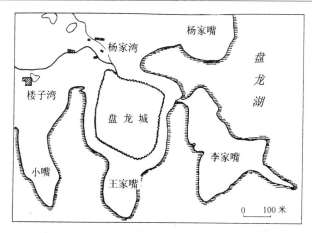

图一一 湖北黄陂盘龙城城址平面示意图

（图一一）。城墙外有城壕遗迹。在南城壕底部发现有桥桩柱穴遗迹，表明其上原架设有桥梁。城内东北部高地发现有密集的大型建筑群，分为上下两层，下层建筑基址建在生土之上，废弃后又在上面夯筑了南北长约100、东西宽约60、厚约1米的台基。台基上发现宫殿建筑三座，前后平行，自北而南排成一列。北部1号宫殿基址东西长39.8、南北宽12.3米，其上建有四周设回廊、中为四室的寝殿。中部2号宫殿基址东西长27.5、南北宽10.5米。其上当为一座没有分间的朝堂。二者相距13米，形成前朝后寝的格局。其下层建筑基址属盘龙城三期遗存。而上层建筑与城垣当始建于盘龙城四期偏晚，据碳十四测年约为公元前1390年或稍早，使用下限在盘龙城七期，属商代中期。在城址与遗址群范围内未发现商代后期遗迹。从城墙和宫殿的建造到墓葬风俗以及所出青铜器的形制、花纹等看，其都与同时期的中原商文化保持着高度的统一性，很可能为这一时期臣服于商王的某一方国之都[23]。

1997年至1998年间，武汉市博物馆等在城南王家嘴发现一座陶窑，形制与二里头文化期陶窑相似，表明此一带在建城之前已存在一处制陶作坊遗址。而中国地质大学应用地球物理系通过物探，在盘龙城东北部杨家嘴地区发现一个半环形异常带，长约140、宽约20米，与城墙或堤坝很相似。考虑到杨家嘴与盘龙城隔湾相邻，在城外筑城的可能性很小，推测其可能为一堤坝[24]。

（2）三星堆城址

三星堆城址位于四川广汉西约8公里的鸭子河南岸。三星堆是因其地原有三堆高出地面的黄土堆而得名。

20世纪20年代末，三星堆之北月亮湾因出土"广汉玉器"，为世人瞩目。1986年夏，三星堆一带接连发现1、2号祭祀坑，出土大批青铜人像和面具等，引起轰动。

1987年，四川省文物考古研究所在三星堆建立工作站，由陈德安主持，对三星堆遗址内东、西、南三面的土埂进行调查和试掘，确认为夯土城墙。而后于1988年至1995年期间，分别对东垣、西垣和南垣进行发掘，探明整个城址呈北窄南宽布局，东西宽1600～1200、南北长2000米左右，面积约3.5～3.6平方公里。北面未发现城墙，很可能是以鸭子河为天然屏障。现东垣残长1000余米，估计原长度应为1800米左右；西垣被鸭子河及马牧河冲毁，残长800余米；南垣长约1100米。城墙横断面为梯形，墙基一般宽约40、顶部宽约20米。地表以上残高3～5、地表以下高度为2～3米。墙体由主城墙和内侧墙、外侧墙三部分组成（图一二），部分主城墙用土坯砖垒筑，以增加高度。城外发现有宽约20～30米的壕沟，城内则发现许多房屋基址、灰坑等。城墙的建筑年代在三星堆遗

图一二　四川广汉三星堆城墙遗迹

址二期（相当于夏至商代早期），使用年代在二期之晚至三、四期（商代中、晚期至西周早期）。其当为此一时期蜀国的中心都邑[25]。

（3）垣曲城址

垣曲商城址位于山西垣曲东南30公里古城镇（旧县城所在）南关之陡起台地上，南濒黄河，东北有亳清河向东南流入黄河。

1984年秋，垣曲县博物馆吕辑书在此调查发现存于地面上的一条夯土城墙。以此为线索，自1985年春起，中国历史博物馆考古部与山西省考古研究所、垣曲县博物馆联合进行勘察和钻探。后又多年连续发掘，探明地面上及保存于地下的城墙。其城址平面略呈梯形，各面墙较直，惟南垣中段依地形向城内折曲成箕形，北垣长338、西垣内墙长395、南垣内墙复原长度约400、东垣复原长度约336、周长约1470米，总面积约13.3万平方米。北垣保存于地面上，残高4～5、顶部宽

图一三　山西垣曲商城北垣遗迹

1.5、底部宽 5 米，东端有一个宽 10 米的缺口，可能是城门（图一三）。西垣大部分保存于地下，具有内外两道完全平行的城墙，相距 7.5，均未见墙体，仅余基槽。内墙基槽上口宽 7.75、底宽 1.8 米，外墙基槽上口宽 4.15～4.3、底宽 1.4 米。距西北城角 140 米处有一城门，向外被外墙封堵，只有向南经过两道夹墙之间的通道至西南角才能出城。南垣亦大部分保存于地下，由内外两道平行的城墙构成，相距约 4 米。内墙基部下宽 10.75、上宽 10.5 米，内侧有护城坡。外墙基部宽 5.3 米，其中段向内折曲处很可能有城门，通过西段夹墙通道从西南角出城。东垣北段保存较好，南段墙基夯土断续相连，基宽 9.5 米，内侧有护城坡。在西垣外发现有护城壕，宽 8～9 米。城内中部偏东发现大面积的夯土基址群，南部发现有陶窑等。发掘者推测，城垣当始建于商代二里冈下层时期，并延续使用到二里冈上层时期，为商王朝所置的一座军事重镇，或是一方国之都[26]。

（4）府城城址

今河南焦作市西南约 10 公里府城村有一古城址。

20 世纪 50 年代经调查发现，城址下部夯筑遗迹等与郑州商城相同。90 年代以来，河南省文物考古研究所通过发掘探明，其平面呈方形，西垣和北垣保存较好，北垣长约 300、残高 2～3 米，西垣长 300、残高约 2、宽 4～8 米，东垣复原长度约 300 米，南垣仅存地下部分的基槽。城内发现四处夯土基址。此城当修筑于商代早期[27]。

（四）夏家店下层文化城址

今燕山南北地带为夏家店下层文化分布区，时代约为公元前 2300 至公元前 1600 年，相当于中原地区的二里头文化和二里冈商文化的阶段。在内蒙古赤峰、敖汉和辽宁阜新、北票等地已发现夏家店下层文化城址百余座[28]。

（1）东八家城址

1943 年春，沈阳博物馆佟柱臣在赤峰东北 25 公里东八家村的后山坡上首次发现了石城址。其南临英金河，东北、西南两面各有大沟。城址因山就势，平面呈不规则的长方形，东西宽 140、南北长 160 米。城墙用天然石块分级垒砌，东北角所存的一段高 1.5 米，分四级，最上一级宽 1.2 米。城内发现圆形房址五十七座，直径 3～10 米不等，均为石砌（图一四）。位于中部偏南的 57 号房址直径约 5 米，外有大环墙，长、宽

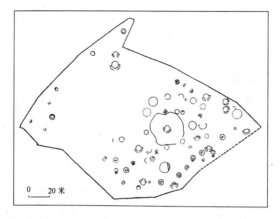

图一四　内蒙古赤峰东八家城址平面示意图

各约 40 米。出土有石器、骨器和陶片等。根据当时所见，推定其为新石器时代晚期的城址[29]。

1964 年，中国科学院考古研究所徐光冀等在赤峰境内沿英金河及其上游阴河进行调查，发现石城址四十三座。石城址都分布在河流两岸的山冈上，以河北岸为多。自西向东，可以明显看出三组石城址群。第一组石城址群分布于尹家店至三座店，在约 20 公里的范围内发现石城址二十座。位于中部的迟家营子石城址规模最大，城内面积近 10 万平方米。现存于地面的城墙高 2.2～3.5、基宽 6～13、顶宽 3～7 米，北面有内外两道墙，相距 20～28 米，中间有壕沟，城内尚存石砌建筑基址二百一十六座，如果将被毁坏的计算在内当有六百座以上。第二组石城址群分布于初头朗至当铺地，与第一组石城址群相距约 5 公里，在约 20 公里的范围内发现石城址十二座。第三组石城址群分布于赤峰以东王家店至水地一带，在约 20 公里的范围内发现石城址六座，其中位于水地北的东八家石城址为佟柱臣早年所发现。此外，还在西部大庙附近发现石城址四座，在赤峰市区北发现石城址一座。1964 年、1974 年分别对新店石城址、西山根石城址进行了发掘。

（2）新店城址

新店石城址位于赤峰西北约 30 公里，属第二组石城址群。其平面略似三角形，只在北东两面缓坡的地方建墙，而南西两面为陡峭的山崖，未见城墙。经发掘的一段城墙，存高 2.5、顶宽 3.8～4.2、基宽 4.8 米，中为夯土，宽 1.7～2.5 米。内外两侧各垒砌 0.6～1.2 米宽的石块。在北墙外侧发现六座半圆形石建筑，间距为 4～15 米；东墙外侧发现两座半圆形石建筑，间距 30 米。经发掘的半圆形石建筑宽 5.8、长 3.8、存高 0.3～1.5 米，用石块垒砌而成，中心留有半圆形空间未砌石块，宽 1.4、长 0.7～0.9 米。建造半圆形石建筑是先在地面挖一半圆形土穴，深 0.3～1 米，穴内垒砌巨石，然后再分层垒砌而成。此类半圆形石建筑类似后世城墙的马面。在城址西北处有巨石垒砌的石阶，东南处的缺口有铺石的通道，当为门址。其城内面积约 1 万平方米，至少尚存石砌建筑基址六十座，城外发现石砌建筑基址十八座。

（3）西山根城址

西山根石城址位于新店石城址西约 10 公里，属第一组石城址群。

城址平面略呈方形，为南北相连的两城，先建南城，后建北城。南城只在北东两面建墙，南西两面为山势险峻的山崖，未见建墙。北城的北、东、南三面建墙，西南面为南城，未再建墙。经发掘的一段石墙，顶宽 0.8、基宽 1.4～1.6 米，从墙外量存高 2.5 米。墙建于经夯打的生土之上，全用石块垒砌。在南城东墙外侧发现有半圆形石建筑三座，在北城北墙和南墙各发现半圆形石建筑两座。其城内面积约 1 万平方米，发现石砌建筑基址七十二座[30]。

（4）大甸子城址

自 1974 年至 1983 年间，由刘观民、徐光冀等主持，中国科学院考古研究所和辽宁省博物馆考古队等对敖汉旗东南约 60 公里的大甸子遗址和墓地进行发掘。

遗址位于大甸子村东南台地上，形似圆角长方形，南北长 350、东西宽不及 200 米，面积约 6 万平方米。其西北两侧是水土流失形成的沟崖，东南两侧是陡坡，边缘的地表耕土以下有一条夯土围墙。在东北侧边缘的夯土墙探沟中可见，夯土墙为一次筑成，夯土是红色和黄色生土夹破碎的钙质结核混杂夯筑而成。现存墙顶至墙底垂直高 2.25、墙底宽 6.15 米，墙内外立面皆有收分，墙体内外两侧在生土之上有一层护基夯土，墙外为壕沟。在西南部夯土围墙发现一处门址，门道底宽 2.25 米，中央有一条碎石块铺砌的路面，路面宽 1.25 米。门道两侧以经过选择但未见有凿琢加工痕迹的石块垒砌，其形态与夏家店下层文化石砌建筑物相似。在围墙外东北部墓地已发掘夏家店下层文化墓葬八百余座[31]。

由上述可知，夏商城址的分布范围大体上与史前期城址相当，且一脉相承，诸如城子崖及阴湘城等城址是从史前期一直沿用至夏代以后，而三星堆城和夏家店下层文化城在建造方法等方面亦深受其地史前期城的影响。《吴越春秋》记："鲧筑城以卫君，造郭以守民。此城郭之始也。"[32]夏代前后，都城的修筑已发展到城外加郭，且两者在"卫君"与"守民"上职能分明这样一个新的阶段。在商都亳城等已可见到这样的实例。

"商邑翼翼，四方之极"[33]。商代王都规模宏大，正显示了其国势之强盛。

注　释

[1] 徐旭生《1959 年夏豫西调查"夏墟"的初步报告》，《考古》1959 年第 11 期。

[2] 中国科学院考古研究所洛阳发掘队《河南偃师二里头遗址发掘简报》，《考古》1965 年第 5 期；中国科学院考古研究所二里头工作队《河南偃师二里头早商宫殿遗址发掘简报》，《考古》1974 年第 4 期；中国社会科学院考古研究所二里头队《河南偃师二里头二号宫殿遗址》，《考古》1983 年第 3 期；赵芝荃《论二里头遗址为夏代晚期都邑》，《华夏考古》1987 年第 2 期。

[3] 中国社会科学院考古研究所、中国历史博物馆、山西省考古研究所《夏县东下冯》，文物出版社 1988 年版。

[4] 中国社会科学院考古研究所洛阳汉魏故城工作队《偃师商城的初步勘探和发掘》，《考古》1984 年第 6 期。

[5] 中国社会科学院考古研究所河南第二工作队《1983 年秋季河南偃师商城发掘简报》，《考古》1984 年第 10 期；《1984 年春偃师尸乡沟商城宫殿遗址发掘简报》，《考古》1985 年第 4 期；《河南偃师尸乡沟商城第五号宫殿基址发掘简报》，《考古》1988 年第 2 期；赵芝荃《二里头遗址与偃师商城》，《考古与文物》1989 年第 2 期；刘忠伏《偃师尸乡沟商代城址》，《中国考古学年鉴·1989 年》，文物出版社 1990 年版；杜金鹏《偃师商城遗址》，《中国考古学年鉴·1998 年》，义物出版社 2000 年版。

[6] 刘忠伏《偃师商城遗址》，《中国考古学年鉴·1992 年》，文物出版社 1994 年版；中国社会科学院考古研究所河南第二工作队《偃师商城第Ⅱ号建筑群遗址发掘简报》，《考古》1995 年第 11 期。

[7] 中国社会科学院考古研究所河南第二工作队《河南偃师商城东北隅发掘简报》，《考古》1998 年第 6 期；《河南偃师商城小城发掘简报》，《考古》1999 年第 2 期；王学荣《偃师商城布局的探索和思考》，《考古》1999 年第 2 期；杜金鹏、王学荣、张良仁《试论偃师商城小城的几个问题》，《考古》1999 年第 2 期。

[8] 《艺文类聚》卷十二引。其"上"通于商。《尔雅·释天》云：太岁"在庚曰上章"。"上章"，《史记·历书》作"商横"。

[9] 《左传·昭公四年》载椒举言。

[10] 《国语·晋语二》载：宰孔言"景霍以为城。"韦昭注："景，大也。大霍，晋山名也"。

[11] 河南省博物馆、郑州市博物馆《郑州商代城址试掘简报》，《文物》1977 年第 1 期；《郑州商代城遗址发掘报告》，《文物资料丛刊》第 1 辑。

[12] 河南省文化局文物工作队《郑州二里冈》，科学出版社 1959 年版。

[13] 河南省文物研究所《郑州商城外夯土墙基的调查与试掘》，《中原文物》1991 年第 1 期。

[14] 河南省文物考古研究所《河南郑州商城宫殿区夯土墙 1998 年的发掘》，《考古》2000 年第 2 期。

[15] 安金槐《试论郑州商代城址——隞都》，《文物》1961 年第 4、5 期。

[16] 邹衡《论汤都郑亳及其前后的迁徙》，《夏商周考古学论文集》，文物出版社 1980 年版。

[17] 中国社会科学院考古研究所安阳工作队《河南安阳市洹北花园庄遗址 1997 年发掘简报》，《考古》1998 年第 10 期；唐际根、刘忠伏《安阳殷墟保护区外缘发现大型商代城址》，《中国文物报》2000 年 2 月 20 日。

[18] 胡厚宣《殷墟发掘》，学习生活出版社 1955 年版；石璋如《河南安阳小屯殷代的三组基址》，《大陆杂志》1960 年 21 卷第 1～2 期；《小屯·遗址的发现与发掘》乙编、丙编，台北中央研究院历史语言研究所 1959 年、1970 年。

[19] 石璋如《殷墟最近之重要发现附论小屯地层》，《考古学报》第 2 册，1947 年；梁思永、高去寻《侯家庄》第二～七本，台北中央研究院历史语言研究所，1962～1974 年。

[20] 郭宝钧《一九五〇年春殷墟发掘报告》，《考古学报》第 5 册，1951 年；马得志、周永珍、张云鹏《一九五三年安阳大司空村发掘报告》，《考古学报》第 9 册，1955 年；中国社会科学院考古研究所《殷墟妇好墓》，文物出版社 1980 年版；《殷墟发掘报告 1958～1961》，文物出版社 1987 年版；郑振香《殷墟发掘六十年概述》，《考古》1988 年第 10 期。

[21] 中国社会科学院考古研究所安阳工作队《1979 年安阳后冈遗址发掘报告》，《考古学报》1985 年第 1 期。

[22] 刘建国《安阳殷墟遥感考古研究》，《考古》1999 年第 7 期。

[23] 蓝蔚《湖北黄陂县盘土城发现古城遗址及石器等》，《文物参考资料》1955 年第 4 期；湖北省博物馆、北京大学考古专业盘龙城发掘队《盘龙城一九七四年度田野考古纪要》，《文物》1976 年第 2 期；湖北省文物考古研究所《盘龙城——一九六三～一九九四年考古发掘报告》，文物出版社 2001 年版。

[24] 武汉市博物馆、湖北省文物考古研究所、黄陂县文物管理所《1997～1998 年盘龙城发掘简报》,《江汉考古》1998 年第 3 期；王传雷、祁明松、李永涛《盘龙城商代城址田野考古物探工作总结》,《江汉考古》1998 年第 3 期。

[25] 陈德安《广汉三星堆早期蜀国城墙》,《中国考古学年鉴·1990 年》,文物出版社 1991 年版；《广汉三星堆遗址西城墙》,《中国考古学年鉴·1993 年》,文物出版社 1995 年；《三星堆遗址的发现与研究》,《中华文化论坛》1998 年第 2 期。

[26] 中国历史博物馆考古部、山西省考古研究所、垣曲县博物馆《垣曲商城——1985～1986 年度勘察报告》,科学出版社 1996 年版；中国历史博物馆考古部、山西省考古研究所《1988～1989 年山西垣曲古城南关商代城址发掘简报》,《文物》1997 年第 10 期；《1991～1992 年山西垣曲商城发掘简报》,《文物》1997 年第 12 期。

[27] 李德保、赵霞光《焦作市发现一座古城》,《文物》1958 年第 4 期；杨贵金、张立东《焦作市府城古城遗址调查报告》,《华夏考古》1994 年第 1 期；《焦作府城发现商代早期城址》,《中国文物报》1999 年 12 月 19 日。

[28] 田广金《内蒙古长城地带石城聚落址及相关诸问题》,《纪念城子崖遗址发掘 60 周年国际学术讨论会文集》,齐鲁书社 1993 年版。

[29] 佟柱臣《赤峰东八家石城址勘查记》,《考古通讯》1957 年第 6 期。

[30] 徐光冀《赤峰英金河、阴河流域的石城遗址》,《中国考古学研究——夏鼐先生考古五十年纪念论文集》,文物出版社 1986 年版。

[31] 中国社会科学院考古研究所《大甸子——夏家店下层文化遗址与墓地发掘报告》,科学出版社 1996 年版。

[32]《初学记》卷二十四引。

[33]《诗经·商颂·殷武》。

三

周代城址

20 世纪 20 年代末至 30 年代初发掘燕下都遗址等为近世对周代城址进行考古发掘之始，迄今经考古调查和发掘的周王及诸侯国都城等大小城址已近五百座，有关的研究工作也日益深入。

（一）周王都城

周人发兴于周原，后有文王徙丰、武王营镐以及克商后建东都洛邑等，其所在地均发现有城址或重要遗迹。

（1）周原

周原位于今陕西扶风、岐山二县交界地带，北倚岐山，土地肥美。《诗经·大雅·绵》云："周原膴膴，堇荼如饴。"古公亶父率众自豳迁此而营筑周城，文王徙丰后，以其地为周公采邑，世守于此。清末以来，这里屡有铜器出土。

1976 年，由俞伟超主持，陕西省文物管理委员会与北京大学历史系考古专业、西北大学考古专业组成陕西周原考古队对遗址范围内凤雏村西南居住址进行发掘。居住址东西长、南北宽各约 100 米。其东部甲组建筑基址南北长 45.2、东西宽 32.5 米，面积 1469 平方米，为南北向，以门道、前堂和过廊居中，东西两边配置门房、厢房，左右对称。在西厢房二室内出土有刻卜辞甲骨。此后，又在此甲组建筑基址东边发现宽大的宫墙，西边发现乙组建筑基址。甲、乙两组基址之间有墙隔开。乙组建筑基址前堂位于甲组前堂正西，规模比甲组前堂大，两侧前方没有房屋。其时代均属西周早期，发掘者推测为宗庙遗存。在凤雏村西等地还发现有多处铜器窖藏。在凤雏村南至礼村之间集中分布有早周、西周时期房基址、窖穴等，面积在 100 万平方米以上。另在刘家沟东齐家村一带发现有西周中晚期居住址、冶铜作坊址、制骨作坊址、窖藏及墓葬等。在召陈村北发现有建筑基址群。其范围东西近 500、南北约 1000 米，已发掘房基址十五座，属西周早期的两座，属西周中晚期的十三座[1]。

1995 年，陕西省地质矿产局地质研究所利用地质中的航空遥感物探结合电子计算机技术进行探测，发现城墙遗迹。陕西省考古研究所周原考古队随即进行试掘，清理出两条夯土古墙和几处古建筑遗址，确认古周城遗址平面呈长方形，南北长约 1200、东西宽约 700 米，面积共约 84 万平方米。其北城墙在岐山京当乡朱家村南，南城墙在京当乡贺家村与董家村之间，东城墙在刘家沟西岸，西城墙在贺家沟东岸。凤雏村西南宗庙遗址正位于城内的中心部位[2]，而刘家沟东各处遗址则在城外。

（2）丰邑

丰邑在沣水之西[3]。1933 年，北平研究院考古学组徐炳昶等赴关中调查周秦遗址，认为丰邑当在今陕西户县东秦渡镇一带[4]。1943 年，中央研究院历史语言研究所石璋如再次来此调查，进一步认为秦渡镇北所存灵台遗址一带高岗是丰邑所在。其南北长约 700、东西宽约 350 米，东临沣水。灵台位于此高岗之东南角，为人工夯筑而成[5]。50 年代以来，中国科学院考古研究所王伯洪等在长安沣西乡张家坡、马王村一带发现大面积的西周时期聚落遗址及铜器窖藏、墓葬等，胡谦盈又推测丰邑当在此一带[6]。然似与古文献所记之方位不相符。

（3）镐京

镐京在沣水之东，临近镐池，汉时沦陷于昆明池[7]。徐炳昶等认为长安沣镐村、镐京观一带是镐京遗址，石璋如亦认为镐京遗址在镐京观附近。而胡谦盈则认为，根据考古资料，洛水村、上泉北村、普渡村、花园村、斗门镇一带是一个面积广大、内涵丰富的西周遗址，当为镐京中心之所在。后者较之传统看法似有所偏离。

1983 年至 1993 年间，陕西省考古研究所在官庄、斗门镇、下泉村砖厂及花楼子一带发现西周建筑基址十一处，并对其中 1、2 号建筑基址进行发掘。5 号建筑基址位于花楼子台地东北，平面呈Ⅰ字形，坐西朝东，分主体建筑和左、右翼附属建筑，面积为 2891 平方米。其主体建筑中心部位发现四条平行的东西向夯土墙基，中间两条墙基距离 2.6 米，推测为大门及过道。未发现东西两面的南北向墙基，推测可能是用土坯砌墙，已被破坏。其建筑年代在西周中期偏晚，推测其当为周王宫寝所在。这一带为镐京城的中心[8]。然其所在似已超出旧说镐京遗址的范围，即依胡谦盈新说，亦不处于中心部位，极有可能是建于镐京城外，属离宫性质。

（4）洛邑

周武王克商后，以河南洛阳为天下之中，遂营建洛邑以为东都。成王时复营洛邑，而以周公、召公主其事。洛邑位于洛水之北，西临涧水、东濒瀍水。另在瀍水之东筑城以居所迁殷民。西周末年，犬戎攻杀幽王。平王即位，迁国都于洛邑，而后又称王城。其为汉河南县城所沿用。

1954 年，由郭宝钧主持，中国科学院考古研究所开始对洛阳地区古城址进行勘察和发掘，先后发现汉河南县城及东周王城址。汉河南县城位于涧水东岸，周长约 5400 米，南北两墙相距约 1410 米，东西两墙相距约 1485 米，墙基宽度平均在 6.3 米左右。西垣北段折曲多弯，南段平直。北垣下压有战国时期墓葬，夯土中发现有"河市"字样的陶片。东周王城位于汉河南县城外。其北垣墙基大体保存完整，呈直线状，全长 2890、墙宽 8～10 米，大部分筑于生土之上，有的地方压有晚殷灰坑。城外有护城河遗迹。西垣北端与北垣西端相接，向南至东干沟处中断，墙宽 5 米左右，亦筑于生土之上，压有晚殷灰坑。另在其南王城公园一带发现的汉河南县城西垣下层亦包含有殷代及殷代以前遗物，压有殷代灰坑。在此西垣中部向东折曲处发现一段西向残基即残基 I 与之相连。此段残基长约 100 米，西端到涧水东岸断绝，筑于殷代文化层中，墙基下压有一座西周初期墓葬。发掘者认为，其城墙建筑的情况、宽度、地层关系、夯土内含等都和西垣北段相似，应为同一时代的遗迹。其南侧有护城河遗迹，北侧附筑有残基 II、残基 III。残基 III 跨过涧水向西延伸，又向南折，在兴隆寨村北再折向东，至瞿家屯以东中断。其修筑时期在战国以后，另成一个范围。在瞿家屯以东城墙中断处，另发现一段北折城墙遗迹，长 30 余米。其夯土墙下压有三个殷代灰坑，地层情况与西垣北段相似。东垣自北垣东端向南（北垣与东垣转弯处的夯土已断），残存约 1000、宽约 15 米，筑于生土之上，夯土内出夹砂粗绳纹陶片。其以南亦发现有夯土墙遗迹（图一五）。

关于王城城址的时代，发掘者因将在兴隆寨北所发现的一

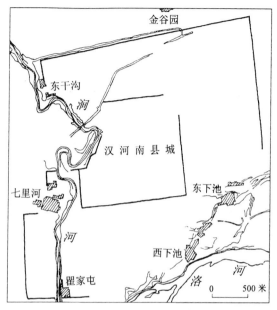

图一五 河南洛阳周代王城城址平面示意图

段城墙判定为西垣南段与西南城角，故推测其当属东周时期王城[9]。而实际上，如果将此一范围内后期修筑的城墙区分开来，则整座大城的修筑年代可明确断定为西周时期，当为周初所营建的洛邑之所在。其北垣、西垣墙基下既压有晚殷灰坑，始建于周初是完全有可能的。北垣当即洛邑之北垣。其西垣北段似呈直线状延伸，与残基Ⅰ西端相接，残基Ⅰ又东与汉河南县城西垣南段相接，再向南延伸，与瞿家屯以东的一段南北向城墙相接，是为洛邑西垣。其长约 3200 米。原涧水当绕流于西垣之外，可能是由于涧水流势所致，城墙中部略有折曲。其东垣应即为洛邑东垣，当继续向南呈直线状延伸，与南垣东端交汇。因洛水河道向北漂移，南垣已不复存在，就河道流向推测，其走向亦当略偏于东北。据《逸周书·作洛》载："乃作大邑成周于土中，立城方千六百二十丈。"又《考工记》载："匠人营国，方九里。"二者所记相合，当皆指洛邑即王城的规模。依周时一尺合今约 19.7 厘米计[10]，其方九里即一千六百二十丈，合今约 3191.4 米，较之今所测知王城城址北垣之长约 2890 米长出 300 余米，而与以上所推测的西垣之长约 3200 米正大体相合。或其所记是偏指南北之长。兴隆寨以北所发现的城墙为战国以后修筑，不应计算在内。汉代重修河南县城，其西垣当有一部分利用原洛邑外郭西墙，东部当大部分沿用王宫旧址，王宫南垣当与汉河南县城南垣东段重合。而汉河南县城北垣夯土中发现的带有"河市"字样陶片，表明此一带原为"市"之所在。如此，则王宫北垣当在汉河南县城北垣之南，以合于"面朝后市"之制。

自 20 世纪 80 年代以来，中国社会科学院考古研究所又在王城遗址内西南隅瞿家屯一带发现南北两组大型夯土建筑基址。其北组基址四面环有夯土围墙，东西长约 344、南北宽约 182 米。南组基址平面亦呈长方形，分为东西两大部分，残存有西墙及南墙遗迹[11]，并出土大量板瓦、筒瓦和饕餮纹、卷云纹瓦当。洛阳市文物工作队在涧水西岸发现一段东西向城墙，与涧水东岸王城城址北垣成一直线，发掘者判断其为北垣西段，已发掘 37 米。此段城墙上压有战国晚期文化层，下压有东周时期灰坑，大约修筑于战国时期。在瞿家屯附近发掘一处大型夯土建筑基址，平面呈长方形，东西长 55、南北宽 30 米。夯土上层出土大量东周、西汉时期的建筑材料。其南部、东部临近规模巨大的战国粮仓遗址[12]。此当为战国时期扩建外郭城和新建宫殿之遗存。

（5）成周

对位于今河南洛阳、偃师交界地带的汉魏洛阳城址的勘察亦始于1954年。1984年，中国社会科学院考古研究所洛阳汉魏城队段鹏琦等通过解剖试掘城垣遗迹发现，其夯土城墙是由不少于五块、构筑于不同时期的夯土组成。除最早的原筑夯土外，其余夯土皆为后期修补和增筑，夯筑年代分属周、秦、汉、魏，最早的可到西周，最晚的可到北魏。由此来看，在汉至晋代的洛阳城址上，至少有三座规模不同、时代早晚有异的古城叠压在一起，而且每一时代较晚的城都是在沿用前代城的基础上，向北或向南扩大而建筑新城。时代最早的城址位于汉

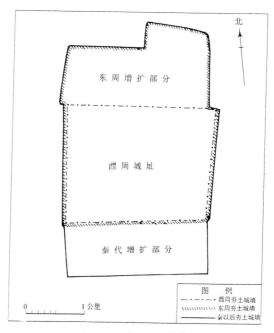

图一六　洛阳周代成周城城址平面示意图

晋洛阳城址中部，为西周时期所筑。其范围大致合当时的东西六里、南北五里。时代稍晚的城址位于汉晋洛阳城的中部和北部，约为春秋晚期筑造。这时期的城址除北部为新扩部分外，南部则沿用西周时期所筑之城，并略有修补或增筑。时代最晚的城址系沿用西周、东周城城址并向南扩大而成。其筑造年代约晚于东周，但早于汉代。东周时期使用的城址在此时期仍被沿用并有所修补。这时期的城址约南北九里、东西六里，已达到并形成了汉至晋代洛阳城的形制和规模（图一六）。结合有关文献记载，发掘者推断其西周城址有可能是周初为居所迁殷民而建的成周城，北部当为春秋晚期周敬王居此时所扩筑，而"秦封吕不韦为洛阳十万户侯，大其城"，所拓展者当在南部[13]。

（二）齐、鲁、燕诸城

周代实行分封制，今山东、河北地区有三公即太公、周公、召公封国。战国时期，召公所封匽国疆界向北拓展至辽宁及内蒙古东南一带，匽国之南又有赵、中山等国崛起。其都城及属邑多有发现。

（1）临淄城

周初姜太公受封于齐，建都于今山东淄博市临淄区齐都镇北，东临淄水，故称临淄。西有"桓公台"，即古营丘。

1933 年，董作宾曾到此进行考古调查[14]。1940 年至1941 年间，日本人关野雄又来调查临淄城址，前后共三次[15]。1958 年 10 月，山东省文化局组建临淄考古队，经钻探和试掘，找到古城四角，确认西周时代遗物以古城东部与东北部分布较多，小城城墙夯土打破周代文化层，夯土中杂有灰土与战国时期陶片，其修筑时代早不过战国时期[16]。而后，自 1964 年夏开始，山东省文化局组成文物工作队，在北京大学历史系、中国科学院考古研究所等协助下，对临淄城址进行普探，至 1966 年 5 月告一段落。1971 年冬，再次进行发掘，发现了西周晚期地层。

通过这一系列工作，大体上查明了城址的范围及交通干道、排水系统、手工业作坊、宫殿建筑等分布状况。其由大小二城组成，小城位于大城之西南部。大城平面略呈不规则长方形，北垣长约 3316 米，走向略偏西北，发现城门三座、排水道口两处，城外有护城河；东垣沿淄水西岸，多有折曲，全长约 5209 米，走向基本正南，发现城门遗迹三处；南垣自东南城角至西段与小城东垣相接处长 2821 米，走向略偏西北，发现城门两座；西垣外临系水，自西北城角至南段与小城北垣相接处长 2812 米，走向基本正南，发现城门及排水道口各一处。城墙基宽 20～40 米不等，在北垣东段等墙基发现有西周、春秋及秦汉时期夯土层。小城北垣长约 1404 米，发现城门一座；东垣长约 2195 米，发现城门一座；南垣长约 1402 米，发现城门两座；西垣长约 2274 米，发现城门一座。周长约 7275 米。城墙基宽 20～40 米不等，而北垣东段最宽处为 55～67 米。其大城与小城总周长（只计其临外部分）19000 余米，总面积 15 平方公里（图一七）。在城内发现东西向干道六条、南北向干道五条、排水河道四条，发现西周、春秋、战国及汉代居住址、手工作坊址等多处[17]。1976 年 3 月至 6 月，山东省博物馆及北京大学、山东大学考古专业联合对桓公台北战国、两汉时期宫殿建筑群遗址进行发掘，发现夯土墙、鹅卵石散水、铺

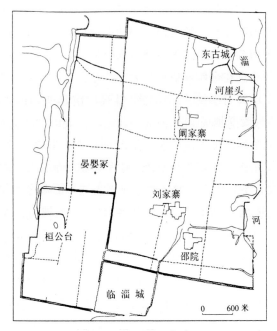

图一七　山东淄博临淄城城址平面示意图

砖回廊、铺砖的天井庭院、部分房间及石柱础等建筑遗迹，并出土大量瓦当等[18]。

1979 年，临淄区齐国故城遗址博物馆会同山东省文物考古研究所对大城西垣北段的 3 号排水道口进行发掘清理，探明其由进水道、过水道和出水道三部分组成，判定是在构筑城垣时修建的[19]。

1982 年，又对大城西垣与小城北垣衔接处进行解剖，发现大城西垣原夹在小城北垣之中，而且有通过小城北垣继续向南延伸的迹象，由此表明大城的建筑年代早于小城[20]。结合《晏子春秋》等有关其"室夕"、"宫夕"，"城夕"的记载[21]，正与通过考古勘探所发现的大城南垣、北垣走向均偏向西北，城内主要的南北向大道走向均偏向西南，整座城的面向略偏于西的情形相合，可判定大城当为太公所筑。其为向居于西土的周王（都镐京在今西安附近）表示尊重，故作此种规划。原大城西垣当在其与小城北垣相接处继续向南延伸，在"桓公台"东南方与大城南垣向西延伸部分相交汇。其时"桓公台"即古营丘尚在城外。而据《左传·襄公十八年》所载：晋师伐齐，十二月"己亥，焚雍门及西郭、南郭。刘难、士弱率诸侯之师焚申池之竹木。壬寅，焚东郭、北郭。范鞅门于扬门，州绰门于东闾，左骖迫还于门中，以枚数阖"。晋师焚四郭而临淄城仍可守，是知郭（大城）内有宫城，且位于中心地带。战国时期，田氏代齐，很可能另择西南部"金銮殿"一带营建宫城，遂有拓展外郭城西南部之举，将"桓公台"即古营丘包围在内，而后又进一步封闭为西南小城。汉代齐王宫亦建于此一带。魏晋以后，临淄城渐至荒落，更退守西南小城，唐时又缩至小城南半部。至元代则另筑新城于小城的东部，即旧临淄县城。

（2）鲁城

周公旦受封于鲁，因留佐武王，而使其子伯禽代为就封。其建都于今山东曲阜市区，称鲁城。城内原有一条东西向带状隆起的土岗，古称曲阜。

1940年冬，日本人关野雄曾在曲阜旧县城东北周公庙附近调查，发现宫殿台基及汉代砖瓦等遗迹、遗物，遂判定汉代鲁恭王所营灵光殿即在此一带。1941年至1942年间，日本人驹井和爱等人又继续对鲁城城址进行调查，并在周公庙一带做小规模发掘，发现有上下两层建筑遗迹及"鲁六年九月所造北陛"刻石等，且认为"鲁六年"即鲁恭王六年，进一步肯定其为汉灵光殿之所在[22]。

1971 年至 1978 年，山东省博物馆等对鲁城进行全面勘探和重点试掘，查明其平面呈不规则长方形，除南垣较直外，其余三面均呈弧形，四城角呈圆角。其北垣长 3560、东垣长2531、南垣长 3250、西垣长 2430、周长 11771 米，面积约 10平方公里。城墙残高有达 10 米者，除西垣基宽 30～33 米外，其余三面基宽均在 40 米左右。城外四面有护城河。发现城门十一座，其中北、东、西三面各三座，南面两座。发现东西向及南北向大道各五条。城内北部发现一条横贯东西的排水河道，一般宽 30～40 米，最宽处达 110 米。中部周公庙一带发现有大面积的夯土建筑群基址，东西长约 550、南北宽约 500米。基址的北、东、西部边沿残存有似夯土墙的遗迹。另发现夯土建筑基址、居住遗址、各种作坊遗址及墓葬区多处。其时代早者可至西周时期，经春秋、战国而延至汉代。城垣夯土早、晚期互相叠压，最早者属西周前期。此外，在鲁城西南部还发现西汉后期以后修筑的城墙，东西长约 2500、南北长约1500 米。其西垣、南垣分别利用原鲁城之西垣、南垣，东垣、北垣为新筑，各设两座城门，加上原设于西垣的一座城门、南垣的两座城门，共七座城门（图一八）。发掘者推断，鲁城当为伯禽所筑，而后作为鲁都长期沿用。其宫城居中，采用内城外郭式布局[23]。此次勘探，在南垣只发现两座城门。20 世纪 40年代驹井和爱等勘察鲁城时曾指出在南垣东部尚有另一座城门。根据连接北垣东门的 10 号道路向南延伸的情形判断，并非没有这种可能性。如此，原鲁城当设有十二座城门，合于"旁三门"之制。而驹井和爱等以周公庙一带为汉灵光殿之所

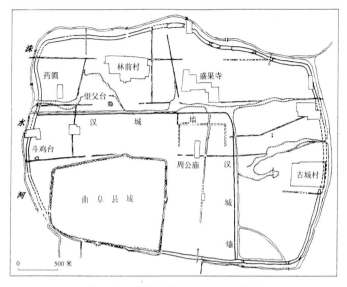

图一八 曲阜鲁城城址平面示意图

在则有误。据历代有关记载，汉灵光殿与鲁城内孔子旧宅相邻，大致在今孔府一带，属离宫性质。周公庙附近周代为宫城所在，西汉时期鲁王朝宫相沿于此，有鲁王张偃新营朝宫于前，鲁恭王刘余重修此宫于后，所发现的"鲁六年九月所造北陛"刻石当为刘余重修宫殿之遗物[24]。

（3）滕城

滕国受封者为周文王之子错叔绣，其建都于今山东滕州西南 7 公里东滕城村和西滕城村一带。

1933 年，董作宾曾来此调查[25]。1941 年至 1942 年间，日本人关野雄亦先后两次调查滕城遗址[26]。1964 年春，中国科学院考古研究所山东工作队又对城址进行调查，探明其平面呈不规则长方形，北垣长 800、东垣长 555、南垣长 850、西垣长590、周长2795米。在北垣和南垣西段所存缺口可能为城门遗迹。城墙残高2～3、下部宽约5～8、顶部最宽处约2米。城内东北部有文公台，东西长约60、南北宽约45、高约6～7米。台上建有滕文公庙。台侧断崖上发现有西周文化层[27]。

（4）薛城

薛为古国，发祥于古泗水流域，后曾他迁。周武王克商后，复封于薛，在今山东滕州南约30公里官桥镇附近。

1940年至1941年间，日本人关野雄曾先后两次对薛城遗址进行调查[28]。1964年春，中国科学院考古研究所山东工作队又来此调查[29]。1978年冬，山东省济宁市文物管理局再次进行勘察和发掘，确认城址平面呈不规则长方形，除南垣较平直外，其余三面皆折曲蛇行，四城角均作内圆外方状。北垣长3250、东垣长2280、南垣长3050、西垣长2030、周长10610米。城墙残高3～8、基宽20～40米。每面各存城门遗迹三

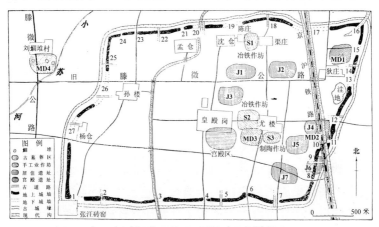

图一九　滕州薛城城址平面示意图

处。城外有护城河，宽25～30米。城内中部皇殿岗村正南发现大面积夯土建筑基址，东西长约350、南北宽约250米，可能为宫殿区（图一九）。另外，还发现居住遗址、手工作坊遗址及墓葬区多处。薛后灭于齐。战国时期，孟尝君田婴曾居薛。薛城城墙外侧部分系战国时期增补[30]。

（5）匽城

匽即典籍中所载之燕国。由铜器铭文等可知，其在周代本称"匽"，或加邑旁作"郾"。匽之受封者为召公奭，其建都之地长期不能确指。

1962年，北京市文物工作队在房山县琉璃河镇北董家林村一带进行考古调查，发现一座古城址，其北垣墙体高达1米余。1972年至1973年，北京市文物管理处和北京大学历史系考古专业等对城址进行钻探和发掘，得知其北垣地下墙体保存

图二〇 北京房山董家林城址西垣遗迹

较好，全长约 829 米。东垣及西垣的半北段，在地下尚存有约 300 米长的墙体（图二〇）。东、北、西三面城墙外发现有深约 2 米的城壕。而后，由中国科学院考古研究所、北京市文物管理处和房山县文教局等共同组成琉璃河考古工作队，对遗址及墓葬区进行了发掘。1976 年春及 1977 年秋，发掘城址东北角和西北角，得知城墙是从生土上起建的，其结构可分为主墙及内外附墙，墙基底部宽约 10 米。在东北角发现有西周初期墓葬打破内附墙的现象，西北角也发现西周时期的房址及灰坑打破内附墙的现象，由此可判知，其修筑年代当在周初。在城址东南黄土坡一带发现有大面积的燕国墓地，出土多件带有"匽侯"铭文的青铜礼器和兵器等。其中 1193 号大墓所出克罍、克盉诸器铭文明确记载周王册命匽侯、授土授民之事。发掘者据此推定，其地当即为周初燕都之所在[31]。城址南部大石河（即琉璃河）当古称匽水，匽国、匽城当是因临于匽水而得名。此匽与土著之燕（即北燕，当在今河北玉田县境古燕山脚下）有别。与史书记载和今所发现的周初诸侯国都城相比照，此城的规模似太小，很可能为宫城之所在。就召公的地位而言，其都城的规模当与太公所筑齐都临淄、周公所筑鲁都鲁城等相类[32]。

（6）临易城

春秋时期，燕国徙都临易。其在今河北容城、雄县交界地带。

1981 年春，孙继安等对容城县东 14 公里南阳村"燕国城"遗址进行调查。其所在为一台地，北坡比周围地表面高 2~3 米，当地人称"城坡"。从城坡起向南 700 米，台地终了，南坡比一般地表面高 0.5 米左右。台地东边沿清晰，比一般地表高 0.3～2 米。自台地东北角开始，向西 300 米后地势低缓平展，边沿模糊不清。在台地东侧断面上部采到有"易市"字样的陶碗一件。在南阳村西北 300 米处西北阳村又有一处废墟，面积约有 3 万平方米。其遗址北侧有故河道，当地人称"后河"，与南阳台地西南 700 米的"西河子"相通。在南阳村北 2500 米有晾马台遗址，东西长 150、南北宽 100、残高 3～5 米。在南阳村东 3000 米古贤村亦存一座古城址，东西长约 1200、南北宽约 1000 米。在南阳村一带出土有许多春秋、战国时期的铜器（其中有郾王职戈、郾侯载戈等）、陶器、骨角器、货币以及带"易市"戳印的秦汉时期陶器等。在西北阳村一带还出土一件属春秋时期的"西宫"铜壶。其"西宫"二字阴刻于近左铺首处，而于右铺首处刻一"匽"字，壶口与壶沿上则刻有"右冶尹"。另有一件刻有"左冶"字样的铜壶盖。调查者推测，南阳村遗址当即燕都临易之所在[33]。结合有关记载和考古资料，可推求此临易城的大致轮廓。其南阳村"燕国城"遗址当为宫城所在。依今所见，东西长约 300、南北长约 700 米。此宫城以西 700 米"西河子"当为原临易城西郭外护城河遗迹，而与之相通的西北阳村遗址北侧的"后河"，则当为原临易城北郭外护城河遗迹。其与"燕国城"台地北沿相距约 600 米。据此，并依宫城居中之制推测，其外郭城当东西长约 1700、南北长约 1900 米。又据西北阳村遗址出土有"西宫"铜壶可推知，此一带原建有西宫，属离宫性质。其"右冶尹"、"左冶"，当同于《韩非子·外储说左上》所记之"右御冶工"，为燕君所属的冶铸机构及其管理者。其"易市"，当相沿于原临易城内之市。汉代于此置易县。其北晾马台遗址当为汉末公孙瓒所筑"易京城"之所在，东古贤村城址则当为晋时易城县遗存[34]。

（7）蓟

战国时期，燕国迁都于蓟，即今北京。其原为蓟侯之都，周武王克商后，"褒封"黄帝之后裔于蓟[35]。春秋时期，蓟国湮灭。

1957年，在北京西南部广安门外桥南约700米处发现战国和战国时期以前的遗迹，并出土饕餮纹半瓦当等为宫殿建筑所用的瓦屋构件。出土器物年代最早者接近于西周时代[36]。其地很可能即为原蓟国都城之所在。后燕国迁蓟，又以此为基础进行扩建。在会城门、白云观、宣武门、和平门、海王村、陶然亭、北线阁等处发现有分布密集的陶井等遗迹、遗物，时代多属战国至西汉时期[37]。据此推测，燕都蓟城当在此一带。迄今为止，尚未发现此一时期城墙遗迹。

（8）武阳城（燕下都）

燕国又营建武阳城以为下都，在今河北易县东南，介于北易水和中易水（古又称武水）之间。

1929年11月，北京大学马衡和常惠、傅振伦对燕下都城址进行调查，确认固城村是其西北城角。城址东西长十三里、南北宽十里，西南隅向内收缩。高的地方好像丘陵，低的地方成了平地。城墙的痕迹断断续续，尚存十分之三四。1930年春，北平研究院、古物保管委员会和北京大学联合组成燕下都考古团，在团长马衡带领下，对城址北垣外老姆台建筑基址进行发掘，出土砖、瓦及铜、铁器等[38]。1957年春，文化部文物局陈滋德等又对城址中易水北岸部分进行踏查[39]。1958年，中国历史博物馆考古组黄景略等经调查和钻探，发现城址中部部分南北向隔墙和东部东西向隔墙，遂将其分为内城（中部南北向隔墙以东、东部东西向隔墙以南）、外城两部分[40]。

1961年至1962年间，河北省文化局文物工作队李晓东等再次对城址进行全面勘察和试掘，找到城中部南北向隔墙北半部与北垣相接部分，又将此城分为东城、西城两部分，而将东部东西向隔墙划在东城之内[41]。后来，河北省文物管理处石永士等陆续在中易水南岸发现残存城墙，从而使武阳城的全貌得以揭示（图二一）。其平面略呈卩状，分东西二城。东城北垣长4594米；东垣长3980米；南垣已探知长度2210米，西端可能从西贯城村西向南折，行770米，穿过中易水，又西行过东沈村南，与中易水南岸的一段长460米的南垣相接；西垣

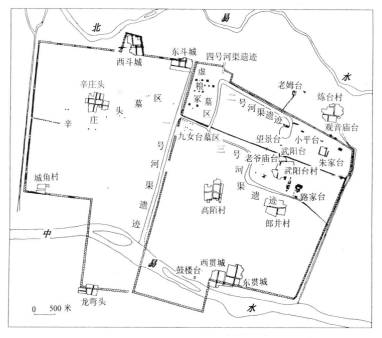

图二一　河北易县燕下都城址平面示意图

中易水北岸长 4630 米，中易水南岸长 460 米。城墙基宽均约 40 米。东垣、北垣各发现一座城门，东垣、西垣外发现城壕遗迹。在北部有一东西向隔墙，长约 4460、宽约 20 米，发现城门一座。通过解剖此隔墙与东垣相接处判知，隔墙建造年代晚于东垣。隔墙东段有朱家台夯土基址，隔墙以南有武阳台、老爷庙台夯土基址及武阳台村西南、东南建筑群基址等，隔墙以北有望景台、张公台夯土基址及小平台建筑群基址等。城西北角有虚粮冢墓区。西城北垣长 4452 米，中部一段向外凸出折成斗形；西垣长 3717 米，发现城门一座；南垣自城角村至燕子村一段长 1755 米，由燕子村折向南过中易水至龙弯头村西的南北向城墙长 2100 米，由龙弯头折向东的东西向城墙长 910 米。城墙基宽均约 40 米。西城内文化遗存较少，当为后期所增筑[42]。

（9）造阳城

20 世纪 50 年代，安志敏等曾对河北怀来西南大古城村址进行调查，得知其分为大小两城。小城平面呈正方形，边长约 500 米；大城在小城之西（东垣南段即小城西垣），平面不甚规则，东西长约 1500、南北长约 1000 米，北垣东段已被河水冲毁，城墙残高约 6、宽约 8 米。结合出土遗物及有关记载推断，其当为上谷郡治造阳（沮阳）县所在[43]。

（10）宫后里城址

1993 年，辽宁省文物考古研究所等在沈阳故宫北墙外 20 米宫后里发现古城址。其城墙分两次夯筑而成，内侧墙保存较好，宽 8.5、存高 2 米，在底部出土饕餮纹瓦当及板瓦、筒瓦等，修筑时代可能早到战国晚期；外侧墙保存不好，时代为汉。由此将沈阳筑城的历史提前至战国时期，同时为探索汉代侯城的地望提供了线索[44]。

（11）二龙湖城址

迄今可确认为战国时期燕人所筑的最北城邑是吉林南部梨树县境内的二龙湖古城。其位于二龙湖水库西侧。1987 年春，吉林大学历史系考古专业和四平地区博物馆联合对此城址进行调查，得知其平面呈方形，北垣长 185、东垣长 193、南垣长 183、西垣长 190 余米，城墙残高 1～3.5、基宽 12～15、上宽 1～3 米。南垣中间有一豁口，疑为门址。据出土遗物等推测，其应是一座战国时期到汉初的城址，为燕人及其后裔的遗存[45]。

（12）邯郸城址

战国时期，今河北南部为赵国所属，邯郸为赵都所在，后世存有赵王城，位于今邯郸西郊。

1939 年至 1940 年间，日本学者原田淑人、驹井和爱、关野雄等先后两次对赵王城及温明殿址、插箭岭遗迹进行调查和发掘[46]。至 50 年代末期，又发现赵王城"小北城"及东北部"大北城"遗迹[47]。60 年代以来，河北省文物工作队和邯郸市赵王城文物保管所孙德海、陈光唐等对城址进行全面调查与钻探，先弄清了"小北城"的范围，从而明确赵王城由三个小城组成。自 1973 年开始，又以"小北城"附近向东延伸的一段地下墙址为起点进行勘探，找出整个"大北城"。由此可知，邯郸城由"王城"和"大北城"两部分构成，总面积约 1887.9 万平方米。其"王城"又由西城、东城、北城三部分构成，平面呈品字形，总面积为 505 万平方米（图二二）。西城略呈正方形，西垣长 1426、北垣长 1394、东垣长 1422、南垣长 1372 米，每面各开城门两座。城墙残高 3～8、基宽 20～

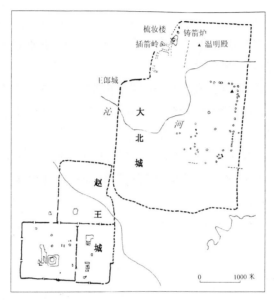

图二二　邯郸赵国故城城址平面示意图

30 米,有些地段达 40～50 米。城内有夯土台五座,1 号夯土
台位于中部偏南,俗称"龙台",其附近发现有大面积夯土基
址。东城呈长方形,其西垣即西城东垣,南端延长 48 米,共
长 1470 米;北垣长 950 米,有城门遗址两处;东垣长 1574
米;南垣长 834 米,有一城门遗址。城墙残高 2.6～6.2、宽
30 米左右,有些地段宽 40～50 米。城内有夯土台三座。北城
呈不规则长方形,南垣即东城北垣及西城北垣东部。南垣长
1440 米、西垣长 1544、北垣长 1272、东垣长 1592、墙宽 30
米左右。西垣南端城墙残高 2～7 米,其余均为地下墙址。城
内西南部和西垣外各有一座夯土台。"王城"东北为"大北
城",二者相距最近处仅 60 余米。"大北城"平面呈不规则长

方形，南北最长处长 4880、东西最宽处长 3240 米，面积约为 1382.9 万平方米。除西垣在地面上还存留断续的夯土墙址外，其余墙址均在地表以下，总周长约 15314 米。其西垣北起"灵山"，向南与"梳妆楼"、"插箭岭"、"王郎城"等地面台、墙连接，全长 5604、宽 20～30 米；南垣长 3090、宽约 20 米；东垣只找到南段城墙，宽 20～30、全长应为 4800 米左右；北垣只找到"灵山"北端西垣与北垣交角点，其向东与东垣相交，全长应为 1820 米。"大北城"西北角发现一座小城，北垣长 290、南垣长约 400、南北长约 700 米。小城以东发现一段南北向夯土墙基，长约 900 米。小城以北有"梳妆台"、"皇姑庙"、"铸箭炉"等夯土台遗址。"大北城"东北部有"丛台"，北部有汉温明殿遗址；南部贸易街一线发现一段东西向夯土墙基，长约 1280、宽约 20 米。其明显叠在"大北城"东垣墙址上，从地层关系来看晚于"大北城"。"大北城"内还发现炼铁、铸铜、制陶、制骨等作坊遗址。

发掘者认为"王城"是赵都王宫所在地，而"大北城"为居民城和手工业区[48]。结合有关文献记载，似还可以作进一步分析。其"大北城"西北部小城当为原邯郸县城，修筑于春秋时期；"大北城"当为赵敬侯迁都后所营建，宫城当在"丛台"一带；而"王城"则有可能为赵武灵王及其后继者陆续修筑，从其形制和布局来看当主要用于军事活动。汉代邯郸南部内收，于今贸易街一线修筑南垣。

（13）灵寿城

在燕与赵之间有中山国。战国初期，中山桓公徙都灵寿，即今河北平山县北约 10 公里三汲乡一带。1977 年至 1982 年间，河北省文物研究所陈应祺等对城址进行全面勘察，探明其

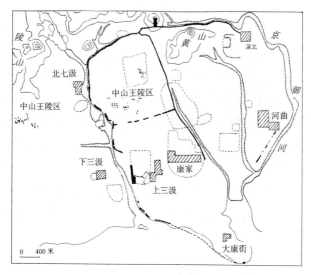

图二三　平山中山国灵寿城址平面示意图

平面为不规则的桃形，东西宽约 4000、南北最长处约 4500
米，分为东城和西城（图二三）。东城北垣长约 2450、基宽 34
米；东垣、南垣已大部分无存；西垣长约 5100、基宽 25 米。
西城北垣长约 1200、基宽 35 米；西垣长 4050、基宽 35 米；
南垣长约 2350 米。中部有一道东西向隔墙，北部为中山王陵
区。东城及西城南部发现有夯土建筑基址、居住遗址及手工业
作坊遗址多处。东城北部有黄山，保持了中山国"山在邑中"
的特点。

城外东面高坡上建有一座小城，东西长约 1400、南北宽
约 1050 米，西部中央有一座夯土台，俗称"召王台"。此小城
当主要用于军事设防[49]。

此外，这一地区经调查或发掘的周代城址还有山东邹城邾
城、滕州滕城、寿光纪城、平度即墨城、龙口归城、招远曲成

城、郯县郯城、莒县莒城、莒南向城、苍山鄫城、泗水卞城、平邑颛臾城、台儿庄偪阳城，北京房山区窦店古城、蔡家庄古城、广阳古城、长沟古城，天津静海西钓台古城、宝坻秦城，河北内邱柏人城、磁县白阳城、讲武城，涉县固镇城，武安午汲古城，唐县北城子古城、洪城，平泉三家古城，承德头沟古城、东山嘴城、闹包山城，围场县大兴永东台子古城、小拨古城、掌子古城、棋盘山古城、小锥山古城，隆化鲍家营古城、二道营子古城、下河西古城，丰宁松木沟古城、四岔口古城、东营子古城、四角城、临城柏畅城，内蒙古宁城黑城、和林格尔上古城子古城、凉城双古城、敖汉新惠古城，辽宁建平达拉甲古城、葫芦岛邰集屯古城、凌源安杖子古城、大连牧羊城、吉林奈曼旗沙巴营子古城、西土城子古城等[50]。

（三）晋、宋、秦诸城

周代于今山西、河南、陕西地区先后封有晋、蔡、宋、秦、郑等国，其都城及属邑亦多有发现。

晋之始受封者为唐叔虞，其早期都城鄂及翼在今山西翼城一带，这里已发现天马—曲村等遗址，为寻找"晋之旧都"提供了重要线索[51]。

（1）曲沃城址

春秋中晚期，有晋献公徙绛及景公迁于新田，二都均在今曲沃、侯马一带，而不能确指。

1956年，山西省文物管理委员会侯马工作站姚鉴等对曲沃城址（后称凤城古城）进行调查，探明其平面近方形，内城和外城南部均被浍水冲毁。外城仅残存北垣及西垣，东北角被曲沃县城覆压。北垣东部于地表残存约 300、宽 9、高 3～7 米。经钻探，北垣残长 3100、西垣残长 2600 米。内城位于外城中部略偏东南，北垣距外城北垣约 1400 米，北垣长 1100、东垣残长 1000、西垣残长 600 米，地表存高 1～3、宽 12 米。1960 年，黄景略等对外城西垣进行试掘，发现城外有宽 25、深 3 米左右的城壕。1988 年，吴振禄等又在外城北垣外发掘，清理战国时期墓葬十座。据发掘者推断，其为晋都新田遗址即将衰退时兴起的另一古城，晋亡后似为秦、西汉所命名的"绛县"、东汉后称"绛邑县"所在地[52]。

（2）侯马城址

1957 年，山西省文物管理委员会侯马工作站杨富斗等在侯马西北部牛村附近发现古城址，而后又陆续发现白店、平望、台神、马庄、呈王、北坞等城址，经多年发掘，已获得重要成果（图二四）。

平望、牛村、台神三座城址呈品字形分布。

平望城址在北，大致呈长方形，东垣因东北部凸出为曲折状，全长 1340 米，而由东南角向北直去北垣则为 1240 米；南垣长 860 米，中部有一城门；西垣长 1286 米，偏北部有一城门；北垣地下保存长度 1086 米，东北部不明。四面城墙宽 5～6 米，城外有城壕遗迹。城内偏北部有大型夯土台基，其南四十余处夯土基址布局有序。

牛村城址在东南，北垣长 955、宽 8 米；东垣长 1390、宽 7～8 米，偏南部有一城门；南垣长 1070、宽 8～9 米，有东西两座城门；西垣长 1050、宽 8～9 米。东、南、北三面城外有城壕遗迹。城内中部偏北有一小城，北垣长 530、东垣长 665、宽 4～6 米，西垣仅存西北角一段，南垣残存约 500 米。在东

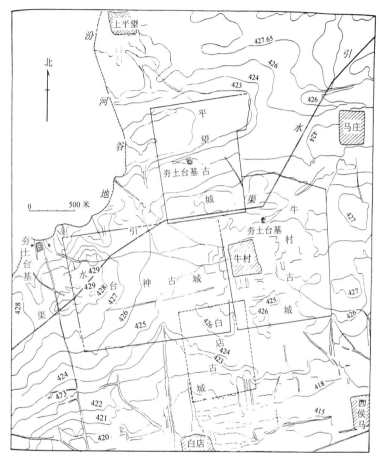

图二四　山西侯马晋都城址平面示意图

垣偏北及西北角西侧有城壕迹象。小城内西北部有大型夯土台基，其附近发现有近百处夯土遗迹。台神城址在西南，西垣长1250、宽8～13米，发现两座城门遗迹；南垣长1660、宽8～10米，与东垣交会后又继续向东延伸18米，呈⊥形，偏西部有一城门；东垣仅由东南角北去 350、宽 2～13 米，多在 8 米左右；北垣仅西段保存 1100、宽 5～7 米，西部有一长 120、宽 5～6 米的条形夯土与北垣呈┐状相交，向北直抵汾河谷地的断崖边。城壕仅在西、南城墙外发现。城内中南部发现夯土遗迹十余处。

城外西北部临汾河有三座高于地表的大型夯土台基。南部有白店城址，其北部被牛村、台神二城叠压。据 1962 年钻探资料，南垣长 740、宽 6～7 米；西垣长约 1000、宽约 8 米；北垣长 745、宽约 6 米；东垣长约 980、北部宽 6～7、南部宽 3.5～4.5 米。东南城角呈┐形，东垣南端向南凸出 9、宽 3.5 米。四面城外有城壕遗迹。1992 年再次进行钻探，在原南垣及其以南的位置上发现百余块夯土，但是没有找到城墙和城壕遗迹。

此外，在牛村城址南约 250 米还发现一处祭祀建筑遗址。其附近有分布范围很广的东周时期一般居住址以及铸铜、制陶、制骨、制石圭等作坊遗址。

牛村城址以东 1400 米有呈王城址，由南北两小城构成。北城东垣长约 167、南垣长 396、西垣长 168、北垣残长约 300、宽 4 米；南城东西长约 214、南北宽约 105、宽 4 米。牛村城址东北 1600 米有马庄城址，由东西两小城构成。东城南北长 350、东西宽 265；西城南北长 250、东西宽 60、基宽 4.5 米左右。西城东北角发现有大型夯土台基。马庄城址东北约 3000 米有北坞城址，由东西并列两城组成，间隔 8 米，为南北向通道。西城平面近方形，南北长约 382、东西宽约 372、基宽 4～7 米，城内发现大型建筑基址十二座；东城平面呈长方形，南北长约 570、东西宽约 493、基宽 5～12 米，城内发现大型建筑基址二十三座。另在台神城址西南虒祁村北发现有大面积的夯土基址，可能为虒祁宫遗迹。发掘者推断，牛村、平望、台神城址为晋都新田所在，白店城址是否为迁都前之新田尚不能断定，呈王、马庄、北坞城址则为卿城[53]。

据史书记载，晋都新田后为汉绛县所沿，当即今曲沃南凤城城址，其西有故绛。《水经注·汾水》载："汾水又径绛县故城北。……汾水西径虒祁宫北。""浍水"载："浍水出河东绛县东，浍交东高山。……西过其县南。《春秋》成公元年，晋悼公谋去故绛，……遂居新田，又谓之绛，即绛阳也，盖在绛浍之阳。……县南对绛山，面背二水。……又西南过虒祁宫南。宫在新田绛县故城西四十里。"似仍当以凤城城址为新田所在较妥，且就考古资料判断凤城古城的营建年代晚于牛村等古城亦可支持此说，而牛村等古城则当为故绛之所在。《左传·庄公二十六年》载："士蒍城绛以深其宫。"《水经注·浍水》亦载："后献公又北广其城，方二里，又命之为绛。"其平望城址正位于北，且与"方二里"相当，或即为士蒍所增筑。而原城则有可能以白店城址为中心，将牛村城址以南祭祀遗址和各种作坊遗址等包围在内，牛村城址、台神城址当为后所改筑。古绛山在其东南（在凤城城址西南），故亦可称绛。

（3）魏城

今山西芮城县北有古魏城。其原为姬姓魏国之都，受封于周初。春秋时期，晋献公灭魏，以魏封毕万，沿治于魏城。

1961年，山西省文物管理委员会陶正刚、叶学明等调查古魏城址，知其平面略呈方形，北、东、南三面城墙近乎直线，西垣中央向外凸出。除西垣外，其他三面城墙在地面上都能看到，残高1～7、基宽13～15米。城周长约4500、北垣长约 1080、东垣长 1268、南垣长 1150、西垣长约 1000 米。北垣有三个缺口，南垣有两个缺口，西垣和东垣各有一个缺口，当为城门遗迹。其西北、东北、东南三个城角保存较好，外侧有月牙状的夯土台。东垣南部夯土下叠压有龙山文化堆积层，北垣有二次补修的痕迹[54]。

（4）安邑

春秋晚期，魏绛徙治安邑。后魏文侯为诸侯，亦都安邑。今山西夏县西北约 7 公里有"禹王城"城址，即安邑之所在。

1961 年，陶正刚、叶学明等曾对城址进行调查，后中国科学院考古研究所山西工作队又进一步调查，探明其分为大城、中城和小城。大城平面略呈梯形，北窄南宽，总面积约 13 平方公里。北垣长 2100、基宽 22、残高 2～5 米；西垣长约 4980、基宽约 18 米，北段外侧有城壕遗迹；南垣现长约 3565、基宽约 11 米，东段情况不明；东垣北段现长约 1530、基宽 17 米，南段情况不明。城角均呈弧形，比城墙其他地段要宽。中城在大城西南部，平面略呈方形，面积约 6 平方公里，周长约 6500 米。其西垣、南垣分别是大城西垣、南垣之一部分；北垣长约 1522、基宽约 6、残高 1～5 米；东垣自小城南垣以南现长约 960 米，南端略向西折，基宽 8、残高约 1 米。小城位于大城中部、中城东北角，平面略呈方形，东南城角向内凹进，面积约 7.54 万平方米，周长约 3270 米。北垣为中城北垣之一部分，长 855、基宽 12 米；东垣长 495、基宽约 16 米；南垣长 990、基宽约 11 米；西垣长 930、基宽 11 米。城墙残高 3 米左右，北垣、东垣、南垣中部均有缺口，当为城门遗迹。小城东南角外有禹王台，台面略呈方形，东西长约 65、南北长约 70、现高约 9 米。台上部为较晚时期夯土；下部分土较早，含有少量东周陶片。勘查者推测，其大城修筑于战国时期；中城修筑于秦汉时期；小城可能是宫城，与大城同时修筑，秦汉以后一直沿用[55]。

（5）蔡城

蔡国受封者为武王之弟叔度。成王时，管叔、蔡叔挟武庚以作乱。周公东征，杀管叔而放蔡叔。后"复封（叔度子）胡于蔡，以奉蔡叔之祀，是为蔡仲"[56]。其都蔡城位于今河南上蔡县城关一带。

经考古调查得知，蔡城北垣东段为旧上蔡县城北垣所沿，向西延伸至大李村南，长约 2113 米；西垣自大李村南至谢村东，长约 3187 米，中部有一城门；南垣自谢村东至别村西，长约 2700 米，有三座城门；东垣自别村西向北与旧上蔡县城东垣接合，长约 2490 米。各城角均为圆转角。周长约 10490 米。城墙残高 4～11、宽 15～25、最宽处为 70～95 米。城外有护城河遗迹，宽 70～103、低于今地平面 5～10 米。城内中部偏西南有一大高台，今名二郎台，东西长约 1200、南北宽约 1000、高出地面 6～7 米，四周有沟渠环绕，传为蔡侯朝庙宫殿所在。台上发现有很多古井及陶制排水管道残迹，台上、台下出土有筒瓦、板瓦等建筑构件残片。在其北部、东北和东南发现有制骨、制陶及铸铜作坊遗址[57]。

（6）宋城

宋国受封者为微子启。微子启为商王帝乙子，帝辛（纣）兄。其都宋城在今河南商丘老南关一带，地面上已不存城垣遗址。

1936 年，李景聃曾来此进行考古调查。1990 年，美国哈佛大学张光直又到商丘地区作实地考察，并动议与中国社会科学院考古研究所合作组成中美联合考古队在此进行多学科的田野调查。1994年，中美联合考古队正式组成，中方人员有张长寿、高天麟等，美方人员有荆志淳、慕容捷等。1996年春，首先在侯庄发现夯土台基，后又在胡楼村东发现城墙遗迹。经过1996年秋及1997年春进一步钻探，确定了四面城垣的方向、位置和保存情况。其东垣长2900、南垣长3550、西垣长3010、北垣长3525、周长12985米，面积为10.2平方公里。东南角、西南角和西北角都为弧形，推测东北角也应为弧形。四面城垣都很平直，东垣和西垣走向偏东北和西南，而南垣和北垣则偏东南和西北。西垣大部、南垣和北垣的西段保存较好，城墙顶部离地表浅处有的不到1米，宽度大都在12～15米。城墙外有城壕遗迹。其西垣三处缺口、南垣和北垣各一处缺口当为城门所在。城墙夯土由三部分组成，最早的夯土年代的下限似不应晚于春秋时期，而上限或有可能推至商末周初；稍晚者上限可能为春秋时期，下限至战国；最晚者的年代当属汉代。发掘者确定其即宋城城址（战国晚期，宋国灭后改称睢阳），并在此城东南部发现一座古城址，周长为5320米。其始建年代晚于北宋，当为明弘治十五年（公元1502年）圮于水的睢阳城址。弘治十六年，又在其北修筑县城，后改称商丘，沿用至今。侯庄夯土台基址在宋城东南约1.5公里处，东西长约100、南北宽80余米。其年代大体与城址的年代相近，也不排除后来被汉代继续沿用的可能[58]。

(7) 郑城

郑国在周宣王时受封于郑，位于今陕西华县境。春秋初年，郑人东迁，建于今新郑之地，沿称郑城。自1964年起，河南省文物工作队等开始对城址进行勘察和发掘，探明其分为

西城、东城两部分。西城北垣西起双洎河（古洧水）岸，东至
竹园村北，长约 2400 米；东垣即东城西垣北段；西垣、南垣
未找到。在北垣中部及东垣北部发现有城门遗迹。城内中部发
现一座小城，平面呈长方形，东西长约 500、南北长约 320、
墙基宽 10～13 米，在北垣和西垣中部各探出一座城门。在小
城内中部偏北发现一处大型夯土建筑基址，南北长约 133、东
西长约 96 米。其当为宫城所在。宫城以北阁老坟一带亦发现
有大面积的夯土建筑基址。东城北垣西接西城北垣东端，东至
边家村西，长约 1800 米；东垣北起北垣东端、南至双龙寨南，
长约 5100 米，北段发现一处城门遗迹；南垣东起东垣南端，
西至前端湾村南，长约 2900 米（图二五）。城内东部小吴楼村
北发现有春秋、战国时期铸铜作坊遗址，北部张龙庄南发现有

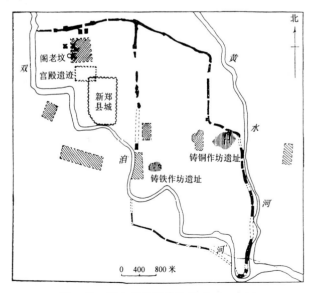

图二五　河南新郑郑城城址平面示意图

春秋、战国时期制骨作坊遗址，西南部仓城村南发现有战国时期铸铁作坊遗址等。其西城、东城均有部分城墙保存于地面之上，残高 15～18、底宽 40～60 米。城墙下部保留有春秋时期夯土层，上部为战国时期夯土[59]。而据《水经注·洧水》载："今洧水自郑城西北入，而东南流径郑城南。城之南门内，旧外蛇与内蛇斗，内蛇死。……水南有郑庄公望母台。"其西城南垣似当在洧水之北、新郑旧县城南垣一线；而西垣当依流经郑城的洧水北段呈直线向延伸，与南垣西端相接。如此，则其南北长与东西长略等，均在 2400 米左右，正合于史书所记春秋早期郑城"径三百雉"的规制[60]。很可能郑人东迁，最初只营建此西城，内有宫城，外为郭城。其东城当为后期所筑，属拓展外郭城性质。周烈王元年（公元前 375 年），韩哀侯灭郑，并徙都于此，仍称郑城。秦灭韩后，改称新郑。

（8）启封城

魏国在魏惠王时徙都大梁，即今河南开封市区，因毁于水，大部分遗迹已难以寻觅。1984 年，于开封南 25 公里朱仙镇古城村发现城址遗迹。1987 年，经开封市文物工作队勘探和试掘得知，城址平面略呈梯形，北垣长约 550、残宽约 20 米，东垣长约 1105、墙宽约 10 米，南垣长约 710、残宽 10～15 米，西垣长约 965、宽约 30 米，周长约 3300 米。除西垣北段墙体高出地面约 7 米外，其余城墙仅存地下墙基。在西垣、南垣、北垣各有一处缺口，或为城门所在。

据发掘者推断，其始建年代大致在春秋时期，为郑庄公所筑，取"启拓封疆"之意而名"启封"。战国时期，启封城先归于韩，后归于魏，成为魏都大梁的南大门。秦代于此设启封县。汉景帝时，因避景帝刘启讳，改称开封。唐时，移开封县治所至汴州，与浚仪同为附郭县。此后，开封城逐渐废弃，后世称废城为"南开封"。此城的发现及确认有助于澄清对今开封与旧启封的混淆[61]。

（9）雍城

·秦人原居于秦，在今甘肃清水以北。西周末年，周避犬戎难，东徙洛邑。秦襄公以兵送周平王，平王封襄公为诸侯，赐之岐以西之地。后逐步内迁，至德公时徙都雍城，在今陕西凤翔南。

1959 年至 1963 年间，陕西省考古研究所凤翔队徐锡台等勘察雍城遗址，在距凤翔县城西南角约 50 米处发现夯土城墙遗迹两段，一段东西走向，长 750、宽约 15、高约 5 米；一段南北走向，长 1875、宽约 15、深约 3 米。后又对其南部南古城遗址进行钻探和试掘，探明其平面近方形，北垣长 254、东垣长 287、南垣长 245、西垣长 214 米，城墙顶部宽 3～12、底部宽 5～13 米，年代属秦汉时期。1982 年至 1983 年间，陕西省雍城考古队韩伟等又在此进行大面积钻探，探明整个城址平面呈不规则的方形，东西长约 3300、南北长约 3200 米，面积约 10 平方公里。北垣大部分为凤翔县城所压，发现两段，长 450、残宽 2.75～4.5、残高 1～1.85 米。1959 年所发现的一段东西向城墙西端有北折迹象，夯土内含晚期陶片，似与整个城垣非同期修筑。而 1959 年所发现的南北向城墙是西垣之一段，西垣南端为南古城所压，全长约 3200、宽 4.3～15、残高 1.65～2.05 米。中段发现城门一处，宽约 10 米，路土向城内延伸。城外有护城壕遗迹，长约 1000、宽 12.6～25、深 5.2 米。南垣沿雍水而筑，长约 3300、东段残宽 4～4.5、残高 2～7.35 米。东垣依纸坊河修筑，由东南折向西北，破坏严

图二六 陕西凤翔雍城城址平面示意图

重，南部发现三段城墙，长420、残宽8.25、残高3.75米
（图二六）。

70年代所发现的姚家岗春秋时期宫殿遗址、铜质建筑构
件窖藏和"凌阴"即冰窖遗址等位于城内中部偏西处。80年
代以来，又在城内中部偏南马家庄一带发现有大面积春秋中晚
期宫殿建筑群四处。其中3号建筑群遗址由五个相连的各环有
围墙的长方形院落组成，南北长326.5、北部宽86、南部宽
59.5、周长约为754米。发掘者推测为秦公朝寝之所。城址北
部发现战国时期建筑遗址多处。北垣以南约300米处发现有战
国时期市场遗址。其平面呈长方形，南北长160、东西长180
米，面积近3万平方米。四周是厚1.5～2米的夯土围墙，四

面围墙的中部各有"市门"一座。已发掘的西门南北长21、东西长14米，建筑平面呈凹字形，进门入口处有大型空心砖踏步。根据门四周的柱洞及瓦片堆积形态判断，门上有四坡式大屋顶建筑。围墙内为封闭式的露天市场，出土秦半两钱及盖有"咸阳□里"印文的陶器底部残片等。其西边30米处有南北向大道通过。城内发现南北向和东西向大道各四条，每条长约3000、路面宽15～20、路土厚1～1.5米。其相互纵横交错，平行的两条道路之间距离为400～800米。城西南角南古城及雍水南岸发现战国、秦汉时期建筑遗址。在南指挥村一带发现规模宏大的秦公陵园。在城西南16公里千河东岸孙家南头堡子壕则发现秦汉时期建筑遗址，出土"蕲年宫当"等[62]。

（10）栎阳

战国时期，秦徙都栎阳，在今陕西临潼北约20公里武屯乡关庄和玉宝屯一带。

1964年，陕西省文物管理委员会田醒农等勘察栎阳城址，探出三条街道、六座城门和500多米夯土城墙，发现七处重点建筑。其甲街，南北向，长2232、宽10.7米，两端各有一门，南门西侧有长方形夯土面，北门两侧有城墙断面，向东延伸340、向西断续约200米。乙街，东西向，长1801、宽15.7米。丙街，东西向，在乙街之北，长度与之相同，宽17.7米。均两端各有一门。据此，勘探者推测栎阳城呈南北长、东西窄的长方形，即东西长1801、南北长2232米[63]。

1980年至1981年间，中国社会科学院考古研究所栎阳发掘队刘庆柱等再次对栎阳城址进行勘探和发掘，发现南西二城墙和门址三处、道路十三条、建筑基址等十五处。其南垣残长1640、宽6米，西垣残长1420、南部宽16、北部宽8米，南西二城墙延长线相交处至已探出的南垣西端约 50 米，至已探出的西垣南端约 200 米。城西北、东北、东南三城角未探出。其南门址即上述甲街所连接之南门，1 号西门址即上述乙街西端之门，2 号西门址即上述丙街西端之门。1 号路即上述乙街，而东部有所延伸，全长 2300 米；2 号路即上述丙街，而东部亦有所延伸，全长 2330 米；3 号路在二号路之北，东西向，全长 2520 米；4 号路即上述甲街南部，南经南门，长 532 米；

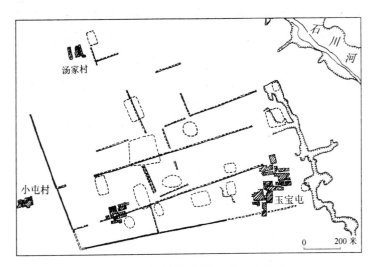

图二七　临潼栎阳城城址平面示意图

13 号路即上述甲街北部，长 210 米（图二七）。据已探出的西城垣及 3 号路的长度推测，栎阳城应为一东西长约 2500、南北宽约 1600 米的长方形[64]。

两次勘探的结果不尽相同。后次勘探较为全面，对前次勘探结果予以补充和修正，无疑是必要的。然前次勘探时间较早，地面地下保留遗迹较多，对其勘探的结果似亦不能轻易否定。结合有关文献记载，还可以作进一步的分析。前次勘探曾在甲街北端发现城门及其两侧城垣，其结构及遗物与后次勘探的西垣、南垣和门址大致相同，当为秦都栎阳城北垣所在。13号路与南部4号路大体在一条直线上，应如前次勘探者所推测，同为一条大道，为城内南北向干道之一。其长2232米，当即为栎阳城之南北长。此城址东部的12、13、14号遗址自北而南呈一字形排列，出土遗物与西部2号遗址等基本相同，故不当排除在栎阳城东垣之外。似当以此三处遗址之东缘连线为栎阳城东垣所在。如此，则栎阳城之东西长，当在3号路长2520米的基础上继续向东延伸250米左右，为2800米左右，栎阳城平面当呈东西略长的扁长方形。秦徙都咸阳后，此城为栎阳县治所。西汉时，又在此城内增置万年县。其北部内收，北垣南移至11号路、已探出的西垣北端一线，由此而成"东西五里、南北三里"之状[65]。东汉时期，废栎阳入万年县，此城当进一步内收，东垣可能西移至9号路一线。前次勘探所发现的乙街、丙街东端城门很可能即为收缩以后的万年县东垣城门。

此外，这一地区经调查或发掘的周代城址还有山西太原晋阳城、万荣庙前城、闻喜人马古城、襄汾赵康城、洪洞杨城，河南淮阳陈城、杞县杞城、淇县卫城、辉县共城、潢川黄城、鄢陵鄢城、濮阳戚城、信阳城阳城、固始潘城、禹州阳翟城、禹州西北康城、登封阳城、荥阳东虢城、延津胙城、济源西北原城、济源南轵城、沁阳邘城、温县西苏城、温县东邢城、新乡鄘城、嵩县陆浑城、偃师费（滑）城、巩县巩城、新密东郐城、新密东南密城、新郑东北宛城、宜阳西宜阳城、扶沟曲洧城、汝州南梁城、舞阳东不羹城、襄城西不羹城、舞阳北胡城、许昌许城、西峡白羽城、淅川"龙城"、项城南顿城、鹿邑厉城、舞钢柏城、遂平房城、确山道城、正阳江城、平舆沈城、光山弦城、息县西南息城、息县东北赖城、淮滨蒋城、南阳申城、唐河谢城、西峡西上郡城、陕西华阴岳镇古城、华县骞家窑古城、丹凤商邑、韩城少梁城等[66]。

（四）楚、吴、越诸城

今湖北、湖南、安徽、江苏、浙江地区有楚、吴、越等国，其都城及属邑亦有遗存。

（1）季家湖城址

楚人初居丹阳，在荆山与江、汉、睢、漳诸水之间。湖北当阳东南约 40 公里季家湖西岸有一城址，原存四面城墙，城内北边有多处夯土台基。1974 年，在一处夯土台基中曾出土铜甬钟及铜构件等。后因平整土地，城墙及夯土台基遗迹多被破坏。

1979 年冬，北京大学考古专业、武汉大学考古专业和湖北省博物馆、宜昌地区文物工作队俞伟超、杨权喜、高应勤等对城址进行调查和试掘，确定其大致范围为南北长约 1600、东西宽约 1400 米。经解剖南垣发现，其夯土叠压在新石器时代晚期文化层之上，两侧又被东周文化层所压。城墙为平地筑起，底部宽 13.4 米，两侧呈斜坡状，中部残高 1.4 米。夯土包含物主要有新石器时代晚期陶片，没有发现东周或东周以后的遗物。南垣外有一条壕沟，宽 9.8、深近 1 米，可能是筑城时取土挖掘而成的。由此推测，其当修筑于东周或东周以前，早于纪南城。而据汉宋衷等言，"丹阳在南郡枝江县"，古有

"丹阳聚"，正在此范围之内，故其城址极有可能为楚都丹阳之所在[67]。

（2）纪南城

春秋中期，楚徙都郢，在今湖北荆州北约 5 公里处。其城址因位于纪山之南，后世又称纪南城。

1965 年至 1966 年间，湖北省博物馆江陵考古工作站对城址进行普探和试掘。1973 年，陈贤一等发掘南垣水门。1975 年至 1979 年间，谭维四、文必贵、杨权喜与北京大学考古专业师生等又对城址进行全面勘探，并发掘西垣北门及城内遗迹。探明其平面略呈长方形，北垣长 3547、东垣长 3706、南垣长 4502、西垣长 3751、周长 15506 米，面积约 16 平方公里。西北、西南及东北城角均呈切角，南垣东部有一段向外凸出呈斗状。城墙现存高度 3～7、上部现存宽度 10～14 米，墙身内外均有护坡。发现城门七座，其中陆门五座，即西垣北门、南门，南垣东门，东垣南门，北垣西门；水门两座，即北垣东部水门、南垣西部水门。另在东垣北部龙桥河出城的缺口处探知有古河道，推测河道上应设有水门。经发掘的西垣北门及南垣西部水门均为一门三道结构。城外四面有护城河，宽 40～80 米。城内探出古河道四条，相互贯连于呈┣┳形。在龙桥河西岸发现有密集的水井和窑址。发现夯土台基八十四座，以东南部最为密集。在凤凰山西坡古河道以西发现夯土墙遗迹，南北长约 750 米，北端折向西，长约 690、墙基宽约 10 米，当为宫城所在（图二八）。城内西南部发现有冶铜遗迹，西北部发现有春秋中期墓葬，东南凤凰山发现有秦汉墓群。城外发现楚墓数千座[68]。1987 年冬，武汉测绘科技大学与湖北省考古研究所合作，对纪南城进行遥感调查和分析，又发现城

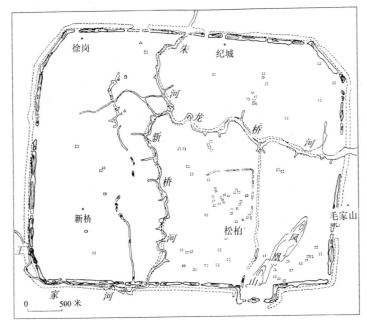

图二八 湖北荆州纪南城城址平面示意图

内西南部及新桥河以东亦有古河道遗迹[69]。此外，在纪南城东 50 公里潜江龙湾镇章家台、华家台一带发现有大型宫殿遗址，可能为楚离宫章华台所在[70]。

（3）郢城

纪南城东南 3 公里有一古城址，俗称老郢城。

1964 年冬，湖北省文物工作队曾在城内中部试掘，出土有秦汉时期遗物。1979 年至 1981 年间，湖北省文物考古研究所朱俊英、沙市博物馆文必贵等又先后两次在此调查和发掘，探明城址平面呈正方形，面积为 196.3 万平方米。城垣断面呈梯形，内外有护坡。北垣长 1453.5、面宽 9、底宽 27、高 4

米；东垣长 1400、面宽 15、底宽 28.5、高 3.5 米；南垣长
1283.5、面宽 17、底宽 27.6、高 5 米；西垣长 1267、面宽
18、底宽 35、高 4.5 米。除西南角早年被大水冲溃外，其余
三城角保存完好，其上各有一座夯土台基。四面中部各有一座
城门，城外有护城河遗迹。城内共发现十六座夯土台基。从城
墙夯土及城内遗物来看，其当营建于战国晚期，而沿用至东汉
时期[71]。当为秦汉时期南郡所属鄀县所在。

（4）宜城楚皇城

湖北宜城县东南 7.5 公里郑集有楚皇城遗址。

1961 年至 1963 年间，湖北省文物管理委员会王善才等曾
两次来此调查。1976 年至 1977 年间，湖北省博物馆和襄阳地
区文化局等联合组成考古发掘队，对城址进行勘察发掘，探明
其平面略呈矩形。城墙现存高 2～4、底宽 24～30 米，北垣长

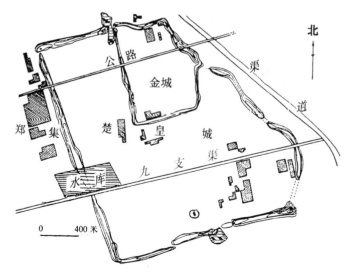

图二九　宜城楚皇城城址平面示意图

1080、东垣长 2000、南垣长 1500、两垣长 1840、周长 6440 米，面积 2.2 平方公里。城垣四角显著突起，每边各有缺口两处，传为城门所在。城址中部偏东北有一台地，传为金城。其东、南、西三面原有城垣，北面依倚外城，面积为 0.38 平方公里（图二九）。金城南部偏东有散金坡，常可拾到金屑。城址内曾出土"汉夷邑君"铜印等。发掘者推断，此城年代可上溯至春秋、战国时期，下续到秦汉以后，而金城则有可能是大城颓废后修筑的。其当为春秋时期鄢都鄢城所在，后归于楚，为楚别都，汉代更名为宜城[72]。

（5）云梦楚王城

湖北云梦县城关有楚王城遗址，城址平面呈长方形，中部偏东有一南北向隔墙，总面积约 1.9 平方公里，东、南、北三面及中部偏东尚有高出地面 2～4 米的土垣，城外有护城河遗迹。1992 年夏，湖北省文物考古研究所等对其南垣、中垣及其结合部进行发掘，探明南垣东部向外凸出，东南角呈弧形，全长约 1850 米；中垣长约 1100 米，压于南垣之上。其东垣、西垣长约 1000 米，北垣长约 1800 米。发掘者推测，此城始筑于战国中晚期，到西汉初年加筑中城垣，城址的废弃当在东汉早期或更早[73]。

（6）东门头城址

1997 年至 1999 年间，湖北省文物考古研究所对三峡库区东门头城址进行发掘。城址西北距秭归县城（归州镇）约 6 公里，北临长江，南倚高山，东、南、西城垣皆系利用自然的山脊峭壁为屏障，只在其低平、凹缺处用山石叠砌填土加高而成，临长江的北城垣则完全为人工垒筑。其平面呈不规则方形，北垣长约 550、东垣长约 320、南垣长约 550、西垣长约

500 米，面积约 21 万平方米。在北垣中段揭示出宋、元、明三个时期连续使用的城墙及相关的排水设施，而北垣东段存在宋代及唐以前共三个时期依次叠压的城墙体和相关遗迹，最下层墙体年代可能早到春秋、战国时期[74]。此地处楚之西界，当属楚邑。

（7）罗城

湖南汨罗市西北 4 公里汨罗江西岸有罗国城遗址。

1957 年，湖南省文物管理委员会曾对城址进行调查和试掘。1992 年至 1993 年间，岳阳市文物工作队会同汨罗市文物管理所，经全面调查和探掘确认，其平面呈长方形，东西长约590、南北宽约 400 米，面积达 23.6 万平方米。东垣现存高度为 3、基宽达 14 米，其余三面城墙多被夷平，仅存墙基。南、西、北三面护城河保存较好，宽 5～15 米。城内西北部与中部地面散见大量的建筑遗物。城址四周分布有大量的东周时期遗存。春秋时期，楚灭罗国，其遗民南徙至此而筑罗城[75]。

（8）窑头城址

湖南沅陵县西南 10 公里窑头村有一古城址。

1990 年至 1992 年间，湖南省文物考古研究所通过勘探和发掘，探明其平面呈不规则楔形，东西长 450、南北长 250米，面积 11 万多平方米。城墙为夯筑，墙基宽 8 米，设有护坡，墙外有城壕，西南有城郭残迹。城内有两座似宫殿建筑的夯土台基，出土有筒瓦、大板瓦、瓦当等。城址周围分布有数百座战国至汉代墓葬。发掘者推断其筑城年代在战国晚期，为黔中郡治所在[76]。

（9）东城都城址

安徽六安境内古有皋陶后裔所受封之六国，秦汉沿置为六县，东汉改称六安县。东城都城址保留有北、南、西三面城垣，南北长310、东西宽220、城墙高9米。1997年，经安徽省文物考古研究所发掘，发现城内堆积主要为西周时期，城垣的构筑年代应定为西周，当为六国都城[77]。

（10）寿春城

战国晚期，楚东徙寿春，即今安徽寿县，营建都城而沿称郢。

1934年，中央研究院历史语言研究所考古组李景聃、王湘等曾来此调查寿春故城及李三孤堆楚王墓[78]。自1983年始，安徽省文物考古研究所丁邦钧等连续多年对城址进行调查，初步认定其范围北起淠水，南至十里头、九里沟，东起东津渡，西至寿西湖西岸，面积约20平方公里。后于1987年至1988年间，又与安徽省地质矿山局遥感站协作，采用遥感技术进行调查、解译，对原考古调查成果予以部分修正，将南界南移约1.5公里，至十三里孤堆北至葛家小圩一线，南北长约6200、东西长约4250米，面积约26.35平方公里。其古水道影像等南半部明显，北半部较模糊。按图像所显示的城墙走向实地勘察，可看出有断续的土垄，西垣从今寿县城南门向南经马家圩、小岗上至范河村南250米处，长约4850米；南垣从范河村南向东经葛家小圩、小刘家圩至顾家寨一带，长约3000米。城墙基宽20米左右。发现城门两座，一座位于西垣中部；另一座位于南垣葛家小圩东侧，分为三个门道。城外有护城河，最宽处达40米，最窄处仅宽5米，一般宽度为25米。城内南部有宽15米左右的水道纵横交错，分成东九里沟、十里头、黄家台、双埂楼、新圩、兴隆集等六个面积在1.21～1.8平方公里的长方形区域。兴隆集一带发现有圆形建筑群遗

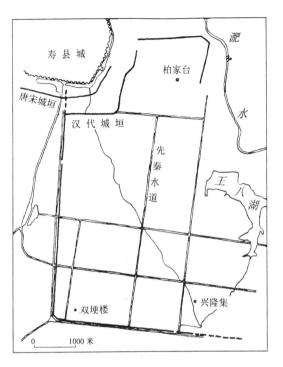

图三〇 安徽寿县寿春城城址平面示意图

址（图三〇）。北部柏家台一带亦发现有大型建筑遗址。城郭北界与东界在图像上无明显反映，未能确定具体位置[79]。而据有关文献记载，古时在此范围内很可能先后建有两城。其南半部古水道影像明显者当为寿春郢城之所在，与荆州郢城的规模略等，形制相近。城内纵横水道相互交叉呈井字形，可与荆州郢城等互为补正[80]。

（11）淹城

江苏武进湖塘镇境内有淹城遗址，传为淹君之邑所在。

20世纪30年代，卫聚贤等曾来此调查。50年代以来，多

次有战国以前遗物出土。其城址东西长 850、南北宽 750 米，
总面积约 65 万平方米。城共三重，城河相依，由子城、内城
和外城组成。城垣土筑，一般高 3 米左右，最高处可达 10 米。
子城呈方形，周长不足 500 米。内城呈方形，周长约 1500 米。

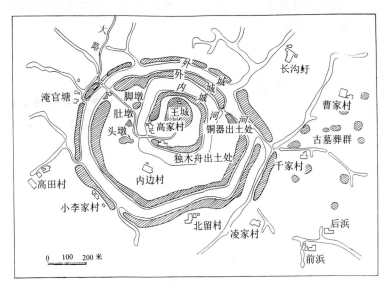

图三一　江苏武进周代淹城城址平面示意图

外城似椭圆形，周长约 2500 米（图三一）。另外，还有一道
外城郭，周长为 3500 米。现三城均有一城门，外城门朝西北，
内城门朝西南，子城门正南向。三城均有护城河，内城河已湮
没为农田，但河道仍然十分清晰。中、外城河保存完好，最宽
处约 60 米，一般为 50 米。遗址内出土有西周春秋时期的独木
舟、青铜器等。

　　1986 年至 1991 年间，江苏省淹城考古发掘队通过五次发
掘，肯定了子城河的存在，确定淹城为三城三河形制，推定其

筑城时代为春秋时期，且三城为同一时期所筑。筑城方法即平地堆土，未见夯打和版筑迹象，亦无基槽。淹城三条护城河与一条古河道连通，进出淹城只有水路，没有陆路[81]。

（12）下菰城

今浙江湖州南 12.5 公里有下菰城遗址。20 世纪 80 年代初，浙江省文物考古研究所劳伯敏经实地考察确认，下菰城分

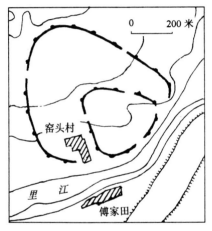

图三二　浙江湖州下菰城城址平面示意图

内外两重（图三二）。外城略似圆角等边三角形，坐北朝南略偏东，对边距离 800～820、现存周长约 1800 米，未见南城墙。内城位于外城南部偏东处，对边距离 400～410、现存周长约 1200 米。城墙一般高度在 9 米上下，内城北部高达约 15、上宽 5～6、底宽约 30 米，用黄土夯筑而成。其始建年代当在西周或春秋时期，为吴国属邑，战国晚期归于楚，春申君黄歇在此设菰城县[82]。

今四川及重庆地区有蜀、巴等国。成都北门外羊子山曾发

现祭祀土台遗迹，西门十二桥、青羊宫、指挥街等地发现有商周时期居住遗存[83]，惟早期城垣遗迹尚未发现。

（13）严道城

四川荥经县西三里有古城坪。1974年至1984年间，四川省文物管理委员会赵殿增等几次对其古城址进行调查，并对城址周围的墓葬进行发掘。该城址由主城和子城两部分组成。主城平面呈正方形，东西长400、南北宽375米，东垣已被改为路，西垣被荥河冲刷，北垣部分被改造成农田，仅南垣及东北角尚保存较好。东北角现存城墙高3.5、宽5.2米，南垣现存高2～3、宽5～8米，中部有城门遗迹。子城在主城之北，南垣与主城北垣西段重合，西垣亦被荥河冲刷，东垣残高1.2、宽1.5米。其平面近于长方形，东西长约300、南北宽约200～270米。就城垣堆积、出土遗物等推断，城垣的最后建造时期为东汉后期或稍晚，子城附属于主城，为后所增建。而结合其周围墓葬群来分析，此城当始建于春秋晚期，繁荣于战国、秦汉，衰败于魏晋。汉代于此置严道县。严道城与西南山区有牦牛古道相通，与中原地区有青衣水道相通，对西南地区的开发起过重要作用[84]。

此外，这一地区经调查或发掘的周代城址还有湖北大冶鄂王城、草王嘴城、大悟吕王城、黄陂作京城、孝感草店坊城、黄冈禹王城、襄樊邓城、阳新大箕铺城、荆门岳飞城，湖南桃源采菱城、石门古城堤城、临澧申鸣城、平江安定古城、岳阳麋子国城、长沙楚城、澧县宋玉城、辰溪五城、常德索县故城、张若城、司马错城、保靖四方城、慈利白公城，安徽寿县苍陵城、南陵牯牛山水城，江苏高淳固城、无锡阖闾城、苏州吴城、越城、武进胥城、留城等[85]。

由于周王倡导"大聚"[86]，周初所封诸侯大国多筑大城，而中、小诸侯的都城规模较小，由城址可见其因等级不同而大小有别。战国时期，七国争雄，其都城的规模又空前扩大。这一时期都城的基本形制为内城外郭式，不存在所谓宫城与郭城两城并列的结构。今所见两城并列等状，皆由后补加筑外郭城所致。

注　释

[1] 陕西周原考古队《陕西岐山凤雏村西周建筑基址发掘简报》，《文物》1979年第10期；《陕西岐山凤雏村西周青铜器窖藏简报》，《文物》1979年第11期；《扶风云塘西周骨器制造作坊遗址试掘简报》，《文物》1980年第4期；《扶风召陈西周建筑群基址发掘简报》，《文物》1981年第3期；尹盛平《周原西周宫室制度初探》，《文物》1981年第9期；陕西省博物馆、文管会岐山工作队《陕西岐山礼村附近周遗址的调查和试掘》，《文物资料丛刊》第2辑。

[2] 杨永林《古周城遗址今何在》，《光明日报》1995年2月27日。另据《文汇报》1995年5月9日载《三千年前周城遗址初现轮廓》一文，应用航空遥感和物理探测技术找到的周城位于岐山县京当乡凤雏村至贺家村之间地下1.5米处，大致为方形，东西长700、南北宽约550米。城内发现三条东西向大致平行排列的房屋遗址，并勾勒出三条街道的分布。宗庙位于古城中央。北城墙东西两端各建有角楼。

[3] 《诗经·大雅·文王有声》云："文王受命，有此武功。即伐于崇，作邑于丰。"郑玄笺曰："丰邑在丰水之西。"《左传·昭公四年》载椒举言："康有酆宫之朝。"杜预注："酆在始平鄠县东，有灵台。"

[4] 徐炳昶、常惠《陕西调查古迹报告》，《国立北平研究院院务汇报》第4卷第6期，1933年。

[5] 石璋如《传说中周都的实地考察》，《历史语言研究所集刊》第二十本下，1949年。

[6] 中国科学院考古研究所《沣西发掘报告》，文物出版社1962年版；胡谦盈《丰镐地区诸水道的踏察——兼论周都丰镐位置》，《考古》1963年第4期。

[7] 《诗经·大雅·文王有声》云："考卜维王，宅是镐京。维龟正之，武王成之。"

郑玄笺曰："镐京在丰水之东。"《史记·周本纪》集解引徐广曰："镐在上林昆明北，有镐池，去丰二十五里。"《水经注·渭水》载："自汉帝穿昆明池于是地，基构沦湮，今无可究。"

[8] 陕西省考古研究所《镐京西周宫室》，西北大学出版社 1995 年版。

[9] 郭宝钧《洛阳古城勘察简报》，《考古通讯》1955 年第 1 期；郭宝钧、马得志、张云鹏、周永珍《一九五四年春洛阳西郊发掘报告》，《考古学报》1956年第 2 期；考古研究所洛阳发掘队《洛阳涧滨东周城址发掘报告》，《考古学报》1959 年第 2 期。

[10] 闻人军《〈考工记〉齐尺考辨》，《考古》1983 年第 1 期。

[11] 中国社会科学院考古研究所《洛阳发掘报告》，北京燕山出版社 1989 年版。

[12] 叶万松、赵振华《洛阳市东周王城城墙遗迹》，《中国考古学年鉴·1987 年》，文物出版社 1988 年版；王炬《洛阳东周王城内发现大型夯土基址》，《中国文物报》1999 年 8 月 29 日。

[13] 中国社会科学院考古研究所洛阳汉魏城队《汉魏洛阳故城城垣试掘》，《考古学报》1998 年第 3 期；引文见于陆机《洛阳记》。

[14] 《中国大百科全书》考古卷"中国考古学年表"，中国大百科全书出版社1986 年版。

[15] 關野雄《齊都臨淄の調查》，《中國考古學研究》，東京大學出版會 1956 年版。

[16] 山东省文物管理处《山东临淄齐故城试掘简报》，《考古》1961 年第 6 期。

[17] 群力《临淄齐国故城勘探纪要》，《文物》1972 年第 5 期。

[18] 李发林《齐故城瓦当》，文物出版社 1990 年版。

[19] 临淄区齐国故城遗址博物馆《临淄齐国故城的排水系统》，《考古》1988 年第 9 期。

[20] 张龙海、高广举、张士友主编《齐国故都观览》，淄博市临淄区文化局 1993年版。

[21] 《晏子春秋·内篇·杂下》载："景公新成柏寝之台，使师开鼓琴。师开左抚宫，右弹商，曰：'室夕。'公曰：'何以知之？'师开对曰：'东方之声薄，西方之声扬。'公召大匠曰：'立室何为夕？'大匠曰：'立室以宫矩为之。'于是召司空曰：'立宫何为夕？'司空曰：'立宫以城矩为之。'明日，晏子朝公，公曰：'先君太公以营丘之封立城，曷为夕？'晏子对曰：'古之立国者，南望南斗，北戴枢星，彼安有朝夕哉！然而以（似）今之夕者，周之建国，国之西方，以尊周也。'"其"夕"，指朝向非正南，而略向西斜。

[22] 關野雄《前漢魯國靈光殿の遺蹟》，《中國考古學研究》，東京大學出版會

1956 年版；駒井和愛《曲阜魯城の遺蹟》，東京大學文學部考古學研究室 1950 年版。

[23] 山东省文物考古研究所、山东省博物馆等编《曲阜鲁国故城》，齐鲁书社 1982 年版。

[24] 曲英杰《汉鲁城灵光殿考辨》，《中国史研究》1994 年第 1 期。

[25] 同 [14]。

[26] 關野雄《滕城と薛城の遺蹟につぃこ》，《中國考古學研究》，東京大學出版 會 1956 年版。

[27] 中国科学院考古研究所山东工作队《山东邹县滕县古城址调查》，《考古》 1965 年第 12 期。

[28] 同 [26]。

[29] 同 [27]。

[30] 山东省济宁市文物管理局《薛国故城勘查和墓葬发掘报告》，《考古学报》 1991 年第 4 期。

[31] 北京市文物工作队《北京房山县考古调查简报》，《考古》1963 年第 3 期； 郭仁、田敬东《琉璃河商周遗址为周初燕都说》，《北京史论文集》第 1 辑， 1980 年；琉璃河考古队《北京琉璃河 1193 号大墓发掘简报》，《考古》1990 年第 1 期；北京市文物研究所《琉璃河西周燕国墓地（1973～1977）》，文物 出版社 1995 年版。

[32] 曲英杰《周代燕国考》，《历史研究》1996 年第 5 期；《由铜器铭匽说到匽燕 有别》，《北京文博》1997 年第 2 期。

[33] 孙继安、徐明甫《河北省容城县出土战国铜器》，《文物》1982 年第 3 期； 孙继安《河北容城县南阳遗址调查》，《考古》1993 年第 3 期。

[34] 曲英杰《周代燕国考》，《历史研究》1996 年第 5 期。

[35] 《礼记·乐记》载："武王克殷反商，未及下车，而封黄帝之后于蓟，封帝尧 之后于祝。"《韩诗外传》卷三亦载："封黄帝之后于蓟丘，封帝尧之后于 祝。"而《史记·周本纪》载："武王追思先圣王，乃褒封神农之后于焦，黄 帝之后于祝，帝尧之后于蓟。"据《公羊传·隐公元年》何休解说："有土嘉 之曰褒。"其蓟侯当在此以前已世居于此。

[36] 赵正之、舒文思《北京广安门外发现战国和战国前的遗址》，《文物参考资 料》1957 年第 7 期。

[37] 苏天钧《对辽金以前北京城址变迁问题的探讨》，《中国考古学会第五次年会 论文集》，文物出版社 1988 年版。

［38］傅振伦《燕下都考古记》，《地学杂志》1930 年第 4 期；常惠《易县燕下都故址调查报告》，《北平研究院院务汇报》1 卷第 1 期，1930 年；王庆昌《易县燕墟研究初步》，《北平研究院院务汇报》1 卷第 3 期，1930 年；傅振伦《燕下都发掘品的初步整理与研究》，《考古通讯》1955 年第 4 期。

［39］谢锡益《燕下都遗址琐记》，《文物参考资料》1957 年第 9 期。

［40］中国历史博物馆考古组《燕下都城址调查报告》，《考古》1962 年第 1 期。

［41］河北省文化局文物工作队《河北易县燕下都故城勘察和试掘》，《考古学报》1965 年第 1 期。

［42］河北省文物研究所《燕下都》，文物出版社 1996 年版。

［43］安志敏《河北怀来大古城村古城址调查记》，《考古通讯》1955 年第 4 期。

［44］张克举、李晓钟《沈阳市战国至汉代城墙址》，《中国考古学年鉴·1994 年》，文物出版社 1997 年版。

［45］四平地区博物馆、吉林大学历史系考古专业《吉林省梨树县二龙湖古城址调查简报》，《考古》1988 年第 6 期。

［46］關野雄《邯鄲遺蹟発見記》，《中國考古學研究》，東京大學出版會；駒井和愛、關野雄《邯鄲——戰國時代趙都城址の発掘》，東亞考古學會 1954 年版。

［47］《邯郸发现规模巨大的地下古城》，《光明日报》1959 年 11 月 24 日。

［48］河北省文物管理处、邯郸市文物保管所《赵都邯郸故城调查报告》，《考古学集刊》第 4 辑。

［49］河北省文物研究所《河北平山三汲古城调查与墓葬发掘》，《考古学集刊》第 5 辑。

［50］据《文物考古工作三十年》和《新中国考古五十年》有关部分，其由文物出版社分别于 1979 和 1999 年出版。又保定地区文物管理所《河北唐县洪城遗址的调查》，《考古》1996 年第 5 期；辽宁省文物考古研究所《辽宁凌源安杖子古城址发掘报告》，《考古学报》1996 年第 2 期。

［51］北京大学历史系考古专业山西实习组、山西省文物工作委员会《翼城曲沃考古勘察记》，《考古学研究》（一），文物出版社 1992 年版；北京大学考古系、山西省考古研究所《1992 年春天马—曲村遗址墓葬发掘报告》，《文物》1993 年第 3 期；《天马—曲村遗址北赵晋侯墓地第二次发掘》，《文物》1994 年第 1 期；《天马—曲村遗址北赵晋侯墓地第三次发掘》，《文物》1994 年第 8 期；《天马—曲村遗址北赵晋侯墓地第四次发掘》，《文物》1994 年第 8 期；《天马—曲村遗址北赵晋侯墓地第五次发掘》，《文物》1995 年第 7 期。

［52］姚鉴、李遇春、畅文斋《侯马东周文化遗存新发现报导》，《文物参考资料》
1957年第1期；山西省考古研究所侯马工作站编《晋都新田》之《1960、
1988凤城古城遗址、墓葬发掘报告》，山西人民出版社1996年版。

［53］杨富斗《侯马西新发现一座古城址》，《文物参考资料》1957年第10期；山
西省文管会侯马工作站《1959年侯马"牛村古城"南东周遗址发掘简报》，
《文物》1960年第8、9期；山西省考古研究所侯马工作站《山西侯马牛村
古城晋国祭祀建筑遗址》，《考古》1988年第10期；山西省考古研究所侯马
工作站编《晋都新田》，山西人民出版社1996年版。

［54］陶正刚、叶学明《古魏城和禹王古城调查简报》，《文物》1962年第4、5期。

［55］陶正刚、叶学明《古魏城和禹王古城调查简报》，《文物》1962年第4、5
期；中国科学院考古研究所山西工作队《山西夏县禹王城调查》，《考古》
1963年第9期。

［56］《史记·管蔡世家》，中华书局1959年版。

［57］尚景熙《蔡国故城调查记》，《河南文博通讯》1980年第2期。

［58］中国社会科学院考古研究所、美国哈佛大学皮保德博物馆中美联合考古队
《河南商丘县东周城址勘查简报》，《考古》1998年第12期。

［59］河南省博物馆新郑工作站、新郑县文化馆《河南新郑郑韩故城的钻探和试
掘》，《文物资料丛刊》第3辑；李德保《在新郑郑韩故城内发现宫城遗址》，
《河南文博通讯》1978年第2期。

［60］《左传·隐公元年》载，郑庄公使其弟共叔段居京城，郑大夫祭仲曰："都城
过百雉，国之害也。先王之制，大都不过参国之一，中五之一，小九之一。
今京不度，非制也"。杜预注："方丈曰堵，三堵曰雉，一雉之墙长三丈、高
一丈。侯伯之城方五里，径三百雉，故其大都不得过百雉。"孔颖达疏引许
慎《五经异义》等说一雉长四丈。依后者，则百雉为四百丈，依周尺一尺合
今约19.7厘米推计，合今约788米。其三倍即三百雉为约2364米，约合周
七里。

［61］丘刚《启（开）封故城遗址的初步勘探与试掘》，《中原文物》1994年第2期。

［62］陕西省社会科学院考古研究所凤翔队《秦都雍城遗址勘查》，《考古》1963年
第8期；秦晋《凤翔南古城遗址的钻探和试掘》，《考古与文物》1980年第4
期；韩伟《凤翔秦公陵园钻探与试掘简报》，《文物》1983年第7期；陕西省
雍城考古队《一九八二年凤翔雍城秦汉遗址调查简报》，《考古与文物》1984
年第2期；《秦都雍城钻探试掘简报》，《考古与文物》1985年第2期；《秦古
雍城发现市场和街道遗址》，《人民日报》1986年5月21日第3版；韩伟、焦

南峰《秦都雍城考古发掘研究综述》,《考古与文物》1988 年第 5~6 期。

[63] 陕西省文物管理委员会《秦都栎阳遗址初步勘探记》,《文物》1966 年第 1 期。

[64] 中国社会科学院考古研究所栎阳发掘队《秦汉栎阳城遗址的勘探和试掘》,《考古学报》1985 年第 3 期。

[65] 宋敏求《长安志》卷十七载:栎阳县"古县城在县北,东西五里、南北三里"。

[66] 据《文物考古工作三十年》和《新中国考古五十年》有关部分。又《中国文物地图集》河南分册,中国地图出版社 1991 年。

[67] 高应勤、程耀庭《谈丹阳》,《江汉考古》1980 年第 2 期;杨权喜《当阳季家湖古城试掘的主要收获》,《江汉考古》1980 年第 2 期;湖北省博物馆《当阳季家湖楚城遗址》,《文物》1980 年第 10 期。

[68] 湖北省博物馆《楚都纪南城考古资料汇编》1980 年;《楚都纪南城的勘查与发掘》,《考古学报》1982 年第 3、4 期。

[69] 孙家柄、马吉苹、廖志东、杨权喜《楚古都——纪南城的遥感调查和分析》,《遥感信息》1993 年第 1 期。

[70] 荆州地区博物馆、潜江县博物馆《湖北潜江龙湾发现楚国大型宫殿基址》,《江汉考古》1987 年第 3 期。

[71] 江陵郢城考古队《江陵县郢城调查发掘简报》,《江汉考古》1991 年第 4 期。

[72] 湖北省文物管理委员会《湖北宜城"楚皇城"遗址调查》,《考古》1965 年第 8 期;楚皇城考古发掘队《湖北宜城楚皇城勘查简报》,《考古》1980 年第 2 期。

[73] 湖北省文物考古研究所、孝感地区博物馆、云梦县博物馆《'92 云梦楚王城发掘简报》,《文物》1994 年第 4 期。

[74] 孟华平《三峡库区东门头遗址考古获丰硕成果》,《中国文物报》1999 年 4 月 7 日。

[75] 湖南省文物管理委员会《湖南湘阴古罗城的调查及试掘》,《考古通讯》1958 年第 2 期;岳阳市文物工作队《湖南汨罗罗国城遗址的调查与探掘》,《江汉考古》1996 年第 1 期。

[76] 胡建军《湖南黔中故地发现战国古城址》,《中国文物报》1992 年 8 月 16 日。

[77] 安徽省文物局《五十年来的安徽省文物考古工作》,《新中国考古五十年》,文物出版社 1999 年。

[78] 李景聃《寿县楚墓调查报告》,《田野考古报告》第一册,1936 年。

[79] 丁邦钧《楚都寿春城考古调查综述》,《东南文化》1987 年第 1 期;《寿春城

考古的主要收获》，《东南文化》1991 年第 2 期；丁邦钧、李德文、杨则东《遥感技术在寿春城遗址考古调查中的应用》，《考古科技论丛》1991 年。

[80]　曲英杰《楚都寿春郢城复原研究》，《江汉考古》1992 年第 3 期。

[81]　陈颂华《江南古国遗址——淹城》，《江苏省考古学会 1983 年考古论文选》；阮仪三《江南地区的战国古城——淹城》，《旧城新录》，同济大学出版社 1988 年版；南京博物馆院、淹城博物馆《淹城遗址保护利用总体规划（1996～2010 年）》，《东南文化》1996 年第 4 期。

[82]　劳伯敏《湖州下菰城初探》，《中国考古学会第五次年会论文集》，文物出版社 1988 年版。

[83]　四川省文物管理委员会《成都羊子山土台遗址清理报告》，《考古学报》1957 年第 4 期；四川省文物管理委员会、四川省文物考古研究所、成都市博物馆《成都十二桥商代建筑遗址第一期发掘简报》，《文物》1987 年第 12 期；四川大学博物馆、成都市博物馆《成都指挥街周代遗址发掘报告》，《南方民族考古》第 1 辑，1987 年。

[84]　赵殿增、李晓鸥、陈显双《严道古城的考古发现与研究》，《中国考古学会第五次年会论文集》，文物出版社 1988 年版。

[85]　陈振裕《东周楚城的类型初析》，《江汉考古》1992 年第 1 期；林华东《吴越城址探研》，《东方博物》第 2 辑，1998 年；赵玉泉、壮宏亮《对春秋时期吴国城址的初步认识》，《东南文化》1998 年第 4 期；其他参见《新中国考古五十年》有关内容。

[86]　《逸周书·大聚》。

四

秦汉城址

秦汉城址多相沿于后世，且多见于各种文献记载，故可作考实性研究。自 20 世纪初发现丝绸古道上的楼兰城址以来，经调查和发掘的秦汉时期都城、郡国县邑及西域诸城已达数百座[1]，分布范围大为扩展。

（一）秦汉都城

（1）咸阳城

秦孝公时徙都咸阳。秦统一六国后仍以咸阳为都，而多有兴作。据有关记载可知，秦都咸阳城址位于今陕西咸阳以东、渭水之北。或因渭水河道北移冲毁，其城垣遗迹等已难寻觅。

1959 年至 1961 年间，陕西省社会科学院考古研究所渭水队在咸阳东北约 10 公里的长陵车站及窑店一带进行调查和试掘，发现夯土墙、建筑基址、水井、陶窑、灰坑等遗迹。1974 年至 1975 年间，秦都咸阳考古工作站刘庆柱等在此发掘 1 号宫殿建筑遗址，后又相继发掘 2、3 号宫殿建筑遗址等。1 号宫殿遗址东西长 60、南北宽 45、高 6 米，现存台面东西长 31.1、南北宽 5.8～13.3 米，平面呈曲尺形，中部有两层楼堂构成的主体宫室，四周布置有上下不同层次的宫室，外有回廊环绕。3 号宫殿遗址位于 1 号宫殿遗址西南 100 余米处，东西长约 117、南北宽约 60 米，发现有廊道、过廊及过厅等，且东西两壁绘有仪仗

图、车马图、车马出行图、建筑图等壁画。2 号宫殿遗址位于
1、2 号宫殿遗址西北近百米处，东西长 127、南北宽 32.8～
45.5 米，平面呈曲尺形，上部有方形主殿、回廊等，回廊亦绘
有壁画。在宫殿遗址外北、西、南三面发现有夯土围墙遗迹，
北垣长 843、西垣长 576、南垣长 902、基宽 5.5～7.6 米。围墙
内除已发掘的 1、2、3 号宫殿遗址外，尚有五处夯土建筑遗址。
围墙以外发现夯土建筑遗址十九处。东部柏家嘴一带发现夯筑
基址六处，出土有"兰池宫当"，可判定为兰池宫遗址。而围墙
内宫殿遗迹，发掘者推断为咸阳宫所在[2]。

渭水之南有阿房宫遗址，其位于西安以西 13 公里阿房村
一带。1994 年冬，西安市文物局文物处、西安市文物保护考
古所通过大面积钻探，发现十三处比较完整的夯土基址和五处
残存的夯基，总面积 61.04 万平方米。前殿遗址现残存一东西
长 1200、南北宽 410、高出现地面 7～9 米的巨型夯土台基，
面积达 49.2 万平方米。探明其实际范围东西长 1320、南北宽
420 米，面积 55.44 万平方米。在前殿以南现存一东西长 770、
南北宽 50 米的大型广场，广场南沿有四条通道向南延伸。"上
天台"遗址现存一高 14.98、周长 230.4 米的不规则圆形夯土
台基。其周围夯基东西长 400、南北宽 110 米，面积 1.58 万
平方米。灰坑中出土有"北司"、"左司"等印文陶瓦片，进一
步明确了阿房宫的整体布局及其所属各建筑基址的具体范
围[3]。

（2）长安城

西汉建都长安，汉高祖时先以秦离宫兴乐宫改作长乐宫，
后又兴建武库、未央宫及北宫，至惠帝时修筑四面城墙及设
市。武帝时增修北宫，并兴建桂宫、明光宫、建章宫及上林苑

等。长安城址位于陕西西安西北约 3 公里。

1956 年至 1962 年间，经中国科学院考古研究所汉长安城工作队王仲殊、黄展岳等勘察探明，其平面近方形，北垣因临古渭水，顺河道走向略有折曲，长 7200 米；东垣平直，长 6000 米；南垣因迁就先筑的长乐宫、高庙和未央宫，中部外凸，长 7600 米；西垣中部有一折曲，长 4900 米。全城周长 25700 米，面积约 36 平方公里。现存墙体最高处 10 余米，底部宽约 16 米。城外有壕沟围绕。每面有三座城门，经发掘的宣平门、霸城门、西安门、直城门等均为三个门道。除西安门、章城门外，城门均与城内大街相连，大街宽 45～60 米，分左、中、右三道。长乐宫的平面形状不很规整，从埋存在地下的断断续续的墙基看来，围墙全长在 10000 米左右。未央宫平面呈方形，北墙、南墙各为 2250 米，东墙、西墙各为 2150 米，周长 8800 米，四面各有一门。桂宫平面呈长方形，北墙、南墙各长约 880 米，东墙、西墙各长约 1800 米，周长约 5360 米。城外西部建章宫的范围亦大体明确，南部发现有宗庙、辟雍及社稷遗址。

1975 年至 1977 年间，中国社会科学院考古研究所汉城工作队李遇春等发掘武库遗址。其为一长方形大院落，东西长 710、南北宽 322 米，居中略偏西处有一南北向隔墙，隔墙两边各有建筑遗址，出土大量铁兵器。1980 年至 1984 年间，又对未央宫前殿遗址西南边缘（A 区）和东北边缘（B 区）建筑基址及椒房殿建筑遗址进行了发掘，并勘察其宫门、道路等。椒房殿为皇后所居，位于未央宫前殿之北，由正殿、配殿和附属建筑等组成。正殿台基东西长 54.7、南北宽 29～32 米。1985 年至 1996 年间，汉城工作队刘庆柱、李毓芳等对未央宫中央官署、少府（或所辖官署）、西南角楼等建筑遗址进行了发掘，并对未央宫、长乐宫等予以全面勘探。探明未央宫围墙墙体宽约8米，其主体建筑——前殿遗址位于中央。前殿台基南北长400、东西宽200米，由南向北逐渐升高，有三个台基面，各有一座大型宫殿建筑遗址，为皇帝朝政之所。前殿遗址南、北各有东西向干道贯通，东部有南北向干道纵行。中央官署建筑遗址位于西北部，出土五万多枚骨签等。北部有天禄阁、石渠阁等遗址。长乐宫中部有一条横贯宫室的东西向干道，向东通至霸城门，向西与直城门大街相连，与安门大街垂直相交。宫内东南部和西北部发现宫殿建筑群基址。在长乐宫西南、安门大街与南城墙南折段居中处发现一大型夯土建筑基址，当为高庙所在。在长安城西北部发现两个市的遗址，二市四周夯筑围墙，东部市范围东西长780、南北宽650～700米，西部市范围东西长550、南北宽420～480米。二市之间隔有横门大街，街中心发现一处大型建筑遗址，长、宽各约200米。其主体建筑居中央，东西长147、南北宽56米，可能为"市楼"遗址。在西部市内发现有制陶、冶铸和铸币作坊遗址。在武库之北侧探出北宫遗址，其平面呈长方形，南北长1710、东西宽620米，围墙墙体宽5～8米，南、北宫门相对。北宫南面发现砖瓦窑址。至此，除明光宫外，皇宫及其所属诸宫所在已全部探明（图三三）。1997年至1999年间，以刘庆柱和町田章为领队，中国社会科学院考古研究所和日本奈良国立文化财研究所组成中日联合考古队，对桂宫南部二号建筑遗址进行了发掘。其东西长84、南北宽56米，分为南院和北院，布局与椒房殿相似，当为后妃居所[4]。

关于长安城的布局规划，或以未央宫前殿为大朝正殿，为

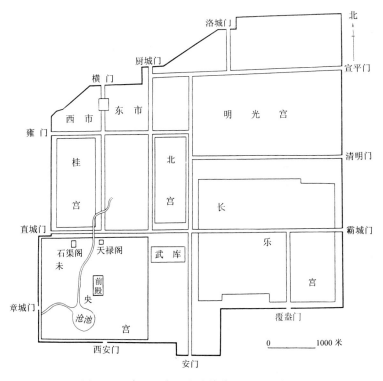

图三三 陕西西安汉长安城城址平面示意图

"择中"而建，前殿东侧的南北向干道北通北宫门及横门，南
通南宫门及西安门，当为长安城的轴线[5]；或认为长安城的
轴线应在东西居中的安门大街一线[6]。然二者均不左右对称，
且宫城均不在轴线上，与考古发现的商都亳城、鲁都鲁城等迥
然不同。长安城的功能只是将先后所建诸宫等包围在内，其南
北向与东西向干道纵横交错，也只是求以通畅。

汉初统治者的传统礼制观念相当淡薄。汉武帝罢黜百家，
独尊儒术，后多用儒生为政，传统礼制渐受重视。对于长安城

南所发现的东西并列的三组建筑群基址，其西组为社稷遗址、东组为辟雍遗址的观点，已为学界所认同。中间的建筑群由十二座基址组成，每座基址都有方形围墙和中心建筑。在 1～11 号基址外又有方形大围墙。12 号基址在大围墙之南，中心建筑的规模较其他十一座基址大一倍。有人推断其为"王莽九庙"所在[7]；而有人则认为其数目、排列组合关系及地理方位等均与文献记载的"王莽九庙"不相符，当是王莽为汉室兴建的祖庙，与汉室十二帝数目悉合[8]。王莽代汉颇具温和的色彩，又是在儒风已盛的局势下进行，其"建郊宫、定桃庙、立社稷"，正可安抚人心、稳定政局。其时以未央宫为正朝，于未央宫之南左立宗庙、右立社稷，也反映了与周礼接轨的意向。

(3) 雒阳城

东汉建都雒阳（汉为火运，忌水，改洛为雒），因于原成周城及西汉洛阳城址，后又为曹魏、西晋和北魏都洛阳所沿用。

1954 年，北京大学历史系考古专业阎文儒等对城址进行初步勘察。1962 年至 1963 年间，经中国科学院考古研究所洛阳工作队全面勘探得知，其平面呈不规则长方形，除南垣因受洛水北移而毁外，其他三面城墙基本完整，北垣和东垣部分墙段存高达 5～7 米。北垣长约 2700、宽 25～30 米，有城门两座；东垣残长约 3900、宽约 14 米，有城门三座；西垣残长约 3400、宽约 20 米，有城门五座。其南起第 1、4 号城门相沿至北魏，第 2 号城门为汉雍门，第 3、5 号城门分别为北魏所开的西阳门、承明门。南垣依东、西垣南端间距计，约长 2400 米。据文献记载，其有城门四座。城内发现连接城门的南北向、东西向街道各五条，一般宽约 40 米。城外有护城河环流。城内中北部发现北魏时期宫城遗址，平面呈长方形。其西垣长约 1398、宽 13～20 米，有宫门两座；南垣长约 660、宽 8～10 米，有宫门一座；东垣残长 1284 米，发现宫门一座；北垣未见。宫城内夯土台基密集，东汉时期的北宫当即在这一带。宫城东北有太仓和武库

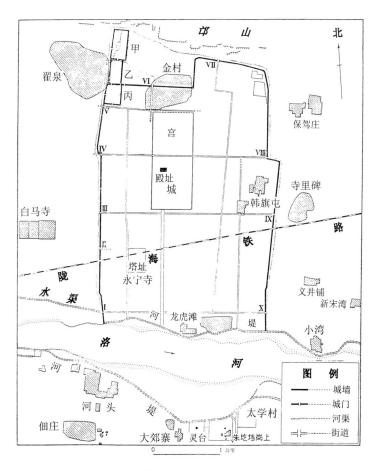

图三四　河南洛阳汉魏洛阳城城址平面示意图

遗址，西南有北魏永宁寺遗址，西北有金墉城址。其自北而南有甲、乙、丙三座小城相连，平面略呈目字形，南北长约 1048、东西宽约 255、墙宽约 13 米。金墉城及大城城垣外壁均发现马面遗迹，当为魏晋以后所增建。在雒阳城南则发现辟雍、明堂、灵台及太学遗址（图三四）。

1972 年至 1975 年间，相继对南郊诸遗址进行了发掘。1984 年，经中国社会科学院考古研究所洛阳汉魏故城队解剖城墙探明，此城的始筑年代可上溯至西周时期，战国后期达到现在所见规模，汉至晋代基本未变。而后，在 60 年代于洛阳城北垣以北约 850 米的邙山南坡发现北魏外郭北垣 1300 余米的基础上，通过勘察，又在洛阳城西垣以西 3500～4250 米发现北魏外郭西垣 4400 余米，在洛阳城东垣以东 3500 米发现北魏外郭东垣 1800 余米，并探出洛阳城门至外郭城的御道九条、外郭城门址三处及谷水、阳渠、长分沟、洛水等古水道的流向与方位。

1995 年至 1997 年间，通过解剖金墉城城墙，探明此三座小城并非同一时期建造，其位于洛阳城西北角内的丙城当为曹魏时期明帝所建的金墉城，而位于西北城角外的甲城、乙城则为北魏以后增扩或改建[9]。

（二）郡国县邑

秦代实行郡县制。汉代郡县与封国并存。其国都或郡县治所有些是相沿于周代城邑，如齐都临淄、鲁都鲁城、赵都邯郸、右北平郡治平刚、辽西郡治且虑等，有些则属秦汉时期新营筑者。汉高祖六年（公元前 201 年），"令天下县、邑城"[10]，使城之数量大增。另在北部长城沿线兴建许多边邑。

（1）宛城

南阳郡治宛城在今河南南阳市区，其沿用古申城而大加拓展。据《荆州记》载："郡城周三十六里。"

1954 年至 1956 年间，河南省文化事业管理局韩维周等曾对城址进行调查，在后世南阳城东北约 1500 米残存有宛城东北城角，平面呈曲尺形，长约 1400、基宽 7、残高 5～7 米。城外有护城河遗址，深 3～6、宽 50～80 米。在南阳城东关和北门外发现汉代堆积层，城内西部则发现上下两层文化，上层属于汉代。由此可知，后世南阳城位于汉代宛城之西南隅。

1959 年，河南省文物工作队在南阳城北关外距汉宛城东北角约 1000 米处发现一汉代冶铁遗址，面积约为 12 万平方米，出土有炼炉、炒钢炉、熔铁炉、铁范、锻制和范铸铁器等，铁铧模上有"阳一"字样铭文，当是南阳郡铁官所辖第一冶铸作坊[11]。

（2）城村城址

福建崇安县南 35 公里崇溪西岸有城村城址。1958 年至 1959 年间，福建省文物管理委员会曾在此做过试掘。1980 年以来，福建省博物馆张其海等再次对城址进行了系统勘探和重点发掘，探明其平面近似长方形，南北长约 860、东西宽约 550、周长约 2896 米，面积约 48 万平方米。城墙依山势夯筑而成，墙面宽 4～8、基宽 15～21、残高 4～8 米。东垣和西垣南段各发现城门一座。发现铺设有卵石路面的古道路五条、排水系统两组和进、排水口遗存三处。除部分地段外，城外皆有城壕，宽 6～10、深 5 米左右。城内中部有大型建筑群基址，西北部有制铁作坊遗址。城外发现冶铁遗址四处，东门外北侧有四周围以墙垣的封闭式建筑遗址。发掘者推测，此城可能是闽越王无诸受封于汉时的都城东冶[12]。另一种看法则认为其当是东越王余善的军事城堡或行宫，而闽越王无诸之都在福州新店。

(3) 东冶城

福州市北郊新店村古城址发现于 1984 年。1996 年至 1998 年间，经福建省博物馆福州新店古城考古队三次发掘探明，其城墙遗迹属三个时期。一期城墙修筑于战国晚期，宽约 10、东西长 310、南北宽 285 米。城外有护城河遗迹，当为闽越王无诸所筑的冶城所在。其南 500 米处发现有战国晚期冶铁遗址。二期城墙修筑于汉初，扩展至东西长 1030、墙体宽 13 米，将战国晚期冶铁遗址包围在内，当为汉高祖五年（前 202 年）复立无诸为闽越王时所扩建，即国都东冶城。汉灭闽越后为冶县治所。城内外发现有汉初建筑基址多处。三期城墙修筑于唐宋时期，宽 21 米。唐代在南部建罗城，五代时又筑夹城将罗城包围在内[13]。

(4) 鄱阳湖古城址

江西都昌县东南 40 公里鄱阳湖畔有一城址。1981 年冬，经都昌县文物管理所周振华考察确认，其平面大致呈长方形，面积约 1 平方公里，有汉代瓦砾堆积。城址南端城头山上有一座城堡，残存东、南、西三面围墙，可能为城防设施。考察者推测其为豫章郡属县鄡阳城所在[14]，南北朝时期撤销鄡阳县治。而后，随着鄱阳湖水面的拓展，此城没入湖中。至今，每年洪水季节时，城址仍会被洪水淹没，成为鄱阳湖沧桑之变的历史见证。

(5) 广州南越王国宫署遗址

广州为古番禺，汉初一度为南越王都，后为南海郡治。其城垣范围已基本搞清，平面近方形，周长约 5000 米。1975
年，广州市文物管理处与中山大学考古专业在市区中心中山四
路北面发现一处秦代造船工场遗址。后发现遗址被一层纯净的
红黄土覆盖，上为南越国宫署遗址，可知造船工场是在营造此
宫署时被填埋的。在造船遗址南边发现一段长约 20、宽 2.55
米的宫署走道，当中铺设砂岩石板，两侧用印花大砖夹边。

1995 年，广州市文物考古研究所又在其以西约 400 米的
北京路一工地发现南越国时期的成片的铺地印花阶砖，在造船
遗址东北约 50 米的中山四路忠佑大街一工地发现石构方池遗
址。1997 年，又发现与方池相接的石构曲渠，并在中山五路
地面下约 1.5 米处发现一段南北向城墙遗迹。其城墙中部为东
汉时期夯土，底宽 11.2、残高 1.75 米。外有晋的砖城，底宽
8.8 米，系将东汉土城两面削去一部分，然后贴砖。南朝砖城
贴砌在最外边，底宽 16 米。此外，在越华路、仓边路、中山
五路等处还发现宋代子城及东城部分城垣[15]。

(6) 七里圩王城城址

广西兴安县西南 20 公里溶江镇境内有称 "秦城" 的古城
址四处。1990 年至 1996 年间，在蒋廷瑜主持下，广西文物工
作队和兴安县博物馆对其中之一的七里圩王城城址进行勘探与
发掘，探明其平面呈长方形，北垣长 214、东垣长 164、南垣
长 257、西垣长 149 米，面积 3.83 万平方米。城墙残高约 3、
顶部宽约 10 米。在北垣偏东处发现城门一座。城垣四角可见
向外凸出的角楼建筑遗迹，北垣和东垣各有一处向外凸出的马
面建筑台基。城外有城壕环绕，宽 10～20、深 2.5 米左右。
城内发现夯土建筑基址五处，出土有矛、镞等兵器。发掘者推
断，此城始建于西汉中期，是一座军政合一的重要城市[16]。

（7）《地形图》城邑

1973 年，在长沙马王堆 3 号汉墓中出土帛书地图三幅，其《地形图》中标出县级城邑八个。

1976 年至 1977 年间，经湖南省博物馆周世荣等实地调查得知，其"营浦"即今湖南道县，并在县城东南角发现大量汉代遗物。"春陵"在宝盖山下柏家坪，今存一座汉代土城，东垣长 193、西垣长 182 米，南垣和北垣均为 160 米，东、西城门对开。"泠道"在九疑山萧韶峰下，城址平面呈长方形，北垣长 130、东垣长 178、南垣长约 123、西垣长 113 米，南、北城门对开。"南平"在湖南兰山县东约 3 公里，现存一方形土城遗迹，西部已残，东垣现存长度为 224 米，墙基内发现大量汉瓦等堆积。"桃阳"在湖南全州永岁乡梅塘村。其城依山势而建，平面罄折作多角形，中间有六边形台面，两翼略低而类似城郭，分别向东西延伸，并开有城门。城址东西长约 280、南北宽约 110 米。"观阳"在广西灌阳西南 11 公里古城岗，城址平面呈长方罄折，东西长 180～230、南北宽约 116 米。城内发现铁矛和炼铜熔块等。另有"龁道"、"桂阳"二县具体位置尚无法落实[17]。

（8）雒城

1983 年至 1984 年间，四川广汉旧城南门及西门附近先后发现有"雒城"字砖的建筑遗迹。四川省文物管理委员会沈仲常等经清理确认，其为古城墙上的建筑遗物。城墙中部层层平筑，墙壁近于垂直，两边砌砖带有"雒城"、"雒官城壍"字样。城址平面略呈椭圆形，周长约 7350 米，当即为东汉雒城之所在。据文献记载，东汉时期筑城有"饰表以砖"者，此正可为之印证[18]。

（9）三角城址

青海海晏金银滩有三角城遗址。20世纪50年代，中国科学院考古研究所安志敏等曾进行过调查，发现"元兴元年"、"西海"瓦当，可判知其当即西海郡治修远城。"元兴"为汉和帝年号。城址平面呈不规整的四方形，北垣走向略偏西南，长612米，城墙离东端507米处向内折近13米，中部偏西处开一城门；东垣正南北向，长630米，正中开门；南垣正东西向，长659米，正中开门；西垣稍偏西南，长540、宽13～14、残高8～12米。城内南部及西部地势稍高，为官署基址。东北部低于西南部约5米，为一广场。西北角有一小院，西南角有一高约18米的瞭望台。此外，海晏尕海古城（东西长435、南北宽436米）、刚察北向阳古城（东西长400、南北宽300米）或有可能为西海郡属县[19]。

（10）土城子遗址

内蒙古和林格尔北10公里处有土城子遗址。1960年，内蒙古文物工作队李逸友等对城址进行发掘。其分为三座城，南城平面略呈长方形，仅残存东半部，南北长535、东西残宽505、城墙宽约14米。其始筑于西汉初年，当为定襄郡治成乐城，东汉以后又有增补，曾为拓跋鲜卑早年都城。北城东西长1400、南北长1450米，为唐代所筑，置为单于都护府。中城南北长670、东西宽380米，为后期遗存[20]。

（11）土城村城址

内蒙古卓资三道营乡东南约4公里土城村北有一古城址，北临战国赵北界长城。

1987年，经李兴盛等调查得知，其分为东西两城。西城北垣中段有折曲，长580米，折角处筑有角楼；东垣长570

米；南垣长 480 米，东段设一城门，为瓮城式建筑；西垣长 690 米，西南角及西北角筑有角楼。城墙宽 8～12、残高 5～8 米，外壁设马面。城内北部有院落遗址，中部偏北有高台建筑基址，南部有一道东西向隔墙。推断其可能为定襄郡所属之武要县故城。东城除西垣借用西城东垣外，其余三面均为晚期增筑。北垣东段残长约 170 米；东垣长 600 米，中段设一门，亦为瓮城式建筑；南垣长 468 米。城墙宽 9～12、残高 5～10 米，亦设马面。西汉定襄郡辖十二县，除郡治成乐及武要县外，武成（和林格尔县新店子古城）、安陶（呼和浩特市美岱二十家子古城）、武泉（呼和浩特市塔布秃村古城）、桐过（清水河县岔河口古城）等县亦得到确认。呼和浩特市东郊陶卜齐村古城址则可能为武皋县所在[21]。

(12) 安平城

辽宁丹东市东北 15 公里叆河入鸭绿江处有一古城址，靠近鸭绿江入海口，北距鸭绿江畔长城遗迹约 30 公里。1961年，经辽宁省文化厅调查得知，城址南北长约 600、东西宽约500 米。城垣遗迹在西南及东北城角处保存较好，残高约 1米，系夯土筑成，石砌城脚埋入地下深约 1 米。城内出土有汉五铢钱及"安平乐未央"瓦当等。可判定其为辽东郡所属安平县所在[22]。

(13) 鸡鹿塞

在长城沿线，除作为郡县治所的边城外，还有许多用为屯戍的障城，规模较小。内蒙古杭锦后旗境内阴山之哈隆格乃山谷南口西侧城址，经侯仁之、俞伟超等于 1963 年调查得知，其平面呈正方形，边长 68.5 米，城墙存高约 8、基宽约 5.3、上宽约 3.7 米，两侧用天然大石块垒砌，中间填以小石块、沙子。四城角向外凸出，类似马面结构。南垣中部开一城门，并有类似瓮城的建筑，城墙内侧东半部有石筑登城马道。其当为著名的鸡鹿塞所在[23]。

（14）甲渠候官邑

内蒙古额济纳旗南 24 公里破城子遗址，经甘肃居延考古队在 1973 年至 1974 年间发掘探明，其由障、坞组成。障是一座土坯筑成的方堡，边长 23.3 米，墙残高 4.6、宽 4～4.5 米。坞在障之南，北垣西段利用障城南垣，平面略呈长方形，东西墙长 47.5、南北墙长 45.5 米，土坯砌成，宽 1.8～2、残高约 0.9 米。坞门开在东垣南段，并有瓮城。出土木简数千枚，可知其为居延都尉下辖之甲渠候官治所[24]。

（15）小方盘城

甘肃敦煌西北 80 公里小方盘城址，多以为是玉门关所在。1979 年以来，经甘肃省文物考古研究所调查得知，其平面呈方形，南北长 24.4、东西宽 23.6、墙宽 4、残高约 10 米。早期开北门，晚期以土墼封闭北门，开西门。城西 3500 米有东汉时修筑的南北向塞墙。城西 11.5 公里马圈湾烽燧遗址出土汉简。据简文推测，其似为西汉玉门候官治所，而西汉玉门关址似在马圈湾西南 0.6 公里的羊圈湾，王莽末年废弃，东汉初玉门关东迁至小方盘城西侧的塞墙上。此塞墙南端至阳关（今甘肃敦煌西南南湖乡）。小方盘城东北约 11 公里有大方盘城，东西长 132、南北宽 15 米，系汉代仓储遗址[25]。

（16）凤林古城

20 世纪 80 年代以来，黑龙江省三江平原地区陆续发现汉魏时期古城址，迄今已达二百七十座。

1998 年至 1999 年间。黑龙江省文物考古研究所等对友谊县东南约 48 公里的凤林古城进行调查发掘，探明其平面呈不规则形，周长 6130 米，有高矮二墙和深浅二壕，北墙有一门。中间方城周长 490 米，城墙保存高度约 4 米。四城角有角楼，四面城垣中部有马面，外有城壕。城内发现有许多房址、灰坑等。凤林古城南隔七星河相望有宝清炮台山古城，系由平面三圈和立体三层城垣构成，最下层城垣长约 4000 米。其当为挹娄等方国遗存[26]。

（三）西域诸城

西域即汉玉门关以西的地区，汉初有楼兰、精绝、于阗、龟兹等三十六国，后有所增减。其大多在今新疆境内。因环境变迁等原因，许多城址现已被风沙淹没，难以辨识。

（1）楼兰城

楼兰城址位于新疆巴音郭楞蒙古族自治州罗布泊西岸，北距孔雀河约 10 公里，西南距若羌县城 220 公里。

清光绪十二至十三年（1886～1887 年）间，新疆巡抚刘锦棠和继任魏光焘派遣副将郝永刚等三人探索汉玉门—阳关两路，于途中发现此城，并在《探路记》中指出"疑是楼兰故都扜泥城"。1900 年 3 月，瑞典人斯文·赫定率探险队来这一带考察罗布泊变迁。因铁铲丢失，当地向导奥尔迪克返回寻找，意外发现此古城。因所带用水严重不足，斯文·赫定未能对其进行考察。次年春，其再次率领探险队至此，并获得大批汉文书及佉卢文书。经德国人希姆莱等分析整理，认定其地为汉楼兰城所在。1903 年，斯文·赫定对此予以报道，引起强烈反响。

自 1905 年开始，美国人亨廷顿、英国人斯坦因、日本人橘瑞超等先后到这里考察发掘。斯坦因将此城址编号为 LA，其西北 8.5 公里的佛教遗址编为 LB，其东北约 24 公里的城址编为 LE，LE 城址以东约 4.8 公里的城址编为 LF，LA 城址西南 48.3 公里的城址编为 LK 等。1930 年，黄文弼随以斯文·赫定和徐旭生为首的西北科学考察团来到罗布泊地区，在 LE 城址以东约 15 公里发现"土垠"遗迹。

1979 年至 1980 年间，新疆社会科学院考古研究所楼兰考古队侯灿等又对 LA 城址进行调查和发掘，找到四面残存城墙，探明其平面呈正方形，东垣长 333.5、南垣长 329、西和北两面各长 327 米，总面积为 10.82 万平方米，并对斯坦因的测量线图有所纠正。北垣东端残长约 35、宽约 8.5、残高约 3.2 米；西端残长约 11、宽约 5.5、残高 3.5～4 米；东垣中南段残长 20、宽约 5、残高约 3.3 米，靠东南角一段长约 1.5、宽约 2.5、残高约 3 米；南垣中部东端残存约 60.5、宽约 8、残高 3.5～4 米，中部西端一段长约 9.5、宽约 5、残高约 3 米，最西的一段长约 4.5、宽约 6、残高约 2.3 米；西垣中南端残长约 13、宽约 5、残高约 1 米，中部北端有东西错列的土墩两个，似为瓮城遗迹。北垣及南垣中部各有城门遗迹。城内东北部有佛塔等建筑遗址；中部及西南部有房址、院落等遗迹，当为官署遗址（图三五）。

对于 LA 城址，多数学者认为当为楼兰国初都城所在。汉元凤四年（公元前 77 年），楼兰国更名鄯善，国都南迁，此城为汉王朝屯戍重镇，后魏晋至前凉在此置西域长史，前凉后期废弃。而后西域长史府驻地迁至海头，即 LA 城址西南的 LK 城址。其平面呈长方形，长约 189、宽约 106 米。LA 城址东北的 LE 城址，平面近方形，东西城垣长约 122、南北城垣长

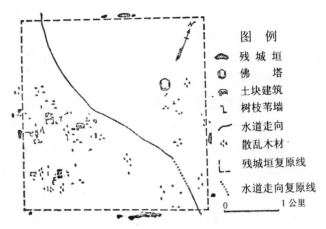

图三五 新疆罗布泊楼兰城城址平面示意图

约 137 米，南、北中部各有一城门，可能为屯戍、邮驿之所。
LF 城址平面呈不规则长方形，周长 61 米。其西南城垣有一城
门，可能为烽燧遗址。而"土垠"遗址，则可能是居卢仓所
在[27]。

（2）鄯善城

鄯善国都在今若羌县境，不能确指。陈戈认为若羌县城东
北不远处有一座古城可能为唐石城镇及汉鄯善城之所在。其平
面略呈长方形，南北长约 590、东西宽约 480 米，北垣和东垣
保存尚好，残高约 3、宽约 6～7 米，城墙上部用土坯和泥巴
砌筑，下部是夯土建筑[28]。

（3）精绝城

精绝国都位于新疆民丰北约 150 公里古尼雅河尾闾地带。

1901 年 1 月，斯坦因第一次来中亚探险，经识途的向导
引领来到此地。经过十六天盗掘式的发掘，发现了散布在沙丘
中的房屋、佛塔、庭院等遗迹多处，并获得了大批的佉卢文书

及汉文文书等，遂将其命名为尼雅遗址。1906 年和 1930 年，斯坦因又来此考察。经考定，其当即为文献中所记载的精绝国都之所在。出土的汉简中有精绝王公贵族相互送礼问候的贺词，亦可证明这一点。1959 年，新疆博物馆考古队考察尼雅遗址，清理房址及墓葬等。1980 年再次考察时，发现佉卢文木简二十余件。1988 年、1990 年和 1991 年，新疆文物考古研究所和日本僧侣小岛康誉等合组中日共同尼雅遗迹预备调查队三次来此调查。

1993 年至 1995 年间，中日尼雅遗址学术考察队对遗址进行了全面的考察和发掘。在以佛塔为标识中心，南北长约 30、东西宽约 5 公里的范围内重新对各种遗迹进行测绘，并在北部发掘八座魏晋时期贵族墓葬，出土大批精美遗物。尼雅遗址是一宏大的荒漠绿洲型聚落遗址群组，有数量很大、类型很多的遗迹单位。其分布呈小聚居、大分散的特点，受生态环境的强烈制约。以聚落为单位，可划分为十九组。其遗迹类型构成按结构、功能亦可划分为官署、民居、宗教建筑、墓地、供水系统、手工业作坊区等。惟城垣遗迹尚未发现[29]。

（4）买力克阿瓦提遗址

于阗国位于新疆和田县境。和田县南 25 公里玉珑喀什河西岸有买力克阿瓦提遗址。

1958 年，黄文弼来此考察，发现城墙遗迹。1977 年和 1979 年，经新疆博物馆李遇春等调查和发掘探明，遗址范围南北长约 1400、北部东西宽约 450、南部东西宽约 745 米。四周不见城墙遗迹，地面上分布有许多高低、大小不等的土墩，为夯土所筑，排列不在一条线上，可能为建筑物残基。遗址西南部多高大建筑物台基，中部有陶窑址，东北部有寺院遗址。

北部发现大批窖藏的西汉五铢钱，并出土带有早期特点的陶制佛像等。其可能即为于阗国都所在[30]。

(5) 喀拉墩遗址群

新疆于田县北约 190 公里克里雅河下游有喀拉墩遗址群。1896 年，斯文·赫定来克里雅河探险时发现。1901 年，斯坦因曾对遗址进行小规模发掘。1929 年，黄文弼亦来此考察。1959 年，新疆博物馆又对遗址进行调查发掘。1990 年，新疆克里雅河及塔克拉玛干科学探险考察队在遗址城堡东南发现一组寺院遗址，并出土古于阗文书等。1991 年至 1996 年间，新疆文物考古研究所与法国科学研究中心 315 所合组中法联合考古队先后四次在此地区进行调查发掘，并在喀拉墩古城西北 41 公里发现圆沙古城。其平面呈不规则四边形，周长 995、残存城墙长度 473、高 3～11、顶宽 3～4 米，南北城垣有城门。城内基本被流沙掩埋，发现有六处建筑遗迹。古城的上限不晚于西汉时期，应为古扜弥国所在地[31]。

(6) 奎玉克协海尔城址（即柯尤克沁古城址）

新疆轮台一带有多处古城址。1928 年，黄文弼等曾来此考察。依其推断，轮台县城东南 21 公里奎玉克协海尔城址当为汉初仓头国都城，后为汉所灭，改称轮台。其平面呈椭圆形，直径约 230、周长 940 米，西北角和西南角有城门。城内有长约 70、宽约 40、高约 10 米的高台遗迹。此城址东北约 5 公里卓尔库特城址（着果特旧城，位于轮台县城东南约 20 公里）当为校尉城，为汉校尉将军驻所。其平面略呈圆形，周长约 1250 米，城墙东部有高约 9 米的长方形高台，西南部有城门，城内有周长约 70、残高 4 米的高台遗迹。90 年代，中国社会科学院考古研究所刘建国等运用航空遥感技术进行探查，亦可加以印证。另有轮台县城东 56 公里协海尔科台克城址可能为乌垒城所在，即西汉时统领西域诸国的西域都护治所。其城垣大部分掩埋在沙漠中，形制不明[32]。

（7）延城

东汉时西域都护治所转至龟兹。龟兹亦为西域古国，其都延城在今新疆库车东郊皮朗村。

1928 年和 1958 年，黄文弼曾两次来此调查。其北垣长 2075、宽 8～16、残高 3.8 米；东垣长 1608、宽 15、残高 7.6 米；南垣残长 1809 米；西垣未见，或有可能因逼近库车河而被冲毁。从北垣可明显看出早晚两个时期修筑的遗迹，其后期加筑部分与东垣同期。结合有关文献记载及出土遗物可知，此城始建于汉或汉以前，唐代以此为安西都护府驻所时又沿用旧址重建或扩建[33]。

就已调查和发掘的秦汉时期城址来看，除秦都咸阳及汉都长安、洛阳等外，一般城邑规模较小。其相沿于周代诸城者，如鲁城等，亦有所内缩。此期城邑数量增加，豪门大户聚族而居于乡村又渐成风气，自然可以起到分散居民的作用。而集权于中央，地方实力减削，亦当为制约的因素。

注　释

[1] 据中国社会科学院考古研究所编《新中国的考古发现和研究》（文物出版社 1984 年版），经调查和发掘的汉代城址（包括边邑）达二百余座；又据《新中国考古五十年》（文物出版社 1999 年版），在内蒙古发现汉代城址近一百座（与以上所计汉代城址有部分重复），在黑龙江地区发现汉魏城址二百七十座。

[2] 陕西省社会科学院考古研究所渭水队《秦都咸阳故城遗址的调查和试掘》，

《考古》1962 年第 6 期；秦都咸阳考古工作站《秦都咸阳第一号宫殿建筑遗址简报》，《文物》1976 年第 11 期；刘庆柱《秦都咸阳几个问题的初探》，《文物》1976 年第 11 期；学理、采梁、梓林、洪春《秦都咸阳发掘报道的若干补正意见》，《文物》1979 年第 2 期；咸阳市文管会、咸阳市博物馆、咸阳地区文管会《秦都咸阳第三号宫殿建筑遗址发掘简报》，《考古与文物》1980 年第 2 期；秦都咸阳考古工作站《秦咸阳宫第二号建筑遗址发掘简报》，《考古与文物》1986 年第 4 期；陈国英《秦都咸阳考古工作三十年》，《考古与文物》1988 年第 5、6 期。

[3] 张达宏、杜征《秦阿房宫遗址考古调查》，《中国考古学年鉴·1995 年》，文物出版社 1997 年版。

[4] 王仲殊《汉长安城考古工作的初步收获》，《考古通讯》1957 年第 5 期；《汉长安城考古工作收获续记——宣平城门的发掘》，《考古通讯》1958 年第 4 期；王仲殊《汉代考古学概说》，中华书局 1984 年版；李遇春《汉长安城的发掘与研究》，《汉唐与边疆考古研究》（一），科学出版社 1994 年版；中国社会科学院考古研究所《汉长安城未央宫（1980～1989 年）考古发掘报告》，中国大百科全书出版社 1996 年版；刘庆柱《汉长安城的考古发现及相关问题研究——纪念汉长安城考古工作四十年》，《考古》1996 年第 10 期；中国社会科学院考古研究所汉城工作队《汉长安城北宫的勘探及其南面砖瓦窑的发掘》，《考古》1996 年第 10 期；中国社会科学院考古研究所、日本奈良国立文化财研究所中日联合考古队《汉长安城桂宫二号建筑遗址发掘简报》，《考古》1999 年第 1 期；《汉长安城桂宫二号建筑遗址 B 区发掘简报》，《考古》2000 年第 1 期。

[5] 《汉长安城未央宫（1980～1989 年）考古发掘报告》"结语"，中国大百科全书出版社 1996 年版。

[6] 黄展岳《读〈汉长安城未央宫〉》，《考古》1997 年第 8 期。

[7] 黄展岳《汉长安城南郊礼制建筑的位置及其有关问题》，《考古》1960 年第 9 期；《关于王莽九庙的问题》，《考古》1989 年第 3 期。

[8] 王恩田《"王莽九庙"再议》，《考古与文物》1992 年第 4 期。

[9] 阎文儒《洛阳汉魏隋唐城址勘查记》，《考古学报》第 9 期，1995 年；中国科学院考古研究所洛阳工作队《汉魏洛阳城初步勘查》，《考古》1973 年第 4 期；《汉魏洛阳城南郊的灵台遗址》，《考古》1978 年第 1 期；王仲殊《汉代考古学概说》，中华书局 1984 年版；中国社会科学院考古研究所洛阳汉魏故城队《北魏洛阳外郭城和水道的勘查》，《考古》1993 年第 7 期；《汉魏洛阳

故城城垣试掘》，《考古学报》1998 年第 3 期；《汉魏洛阳故城金墉城址发掘简报》，《考古》1999 年第 3 期。

[10]《汉书·高帝纪》，中华书局 1962 年版。

[11] 韩维周、王儒林《河南西峡县及南阳市两古城调查记》，《考古通讯》1956 年第 2 期；河南文物研究所《南阳北关瓦房庄汉代冶铁遗址发掘报告》，《华夏考古》1991 年第 1 期。

[12] 福建省文物管理委员会《福建崇安城村汉城遗址试掘》，《考古》1960 年第 10 期；福建省博物馆《崇安城村汉城探掘简报》，《文物》1985 年第 11 期；《崇安汉城北岗一号建筑遗址》，《考古学报》1990 年第 3 期。

[13] 欧潭生《福州新店闽越故城》，《中国考古学年鉴·1997 年》，文物出版社 1999 年版；《福州新店古城考古又获重大成果》，《中国文物报》1999 年 2 月 28 日。

[14] 都昌县文物管理所《鄡阳城址初步考察》，《考古》1983 年第 10 期。

[15] 广州市文物管理处、中山大学考古专业《广州秦汉造船工场遗址试掘》，《文物》1977 年第 4 期；陈伟汉《广州南越国宫署遗址》，《中国考古学年鉴·1996 年》，文物出版社 1998 年版；广东省文物考古研究所《广东考古五十年》，《新中国考古五十年》，文物出版社 1999 年版。

[16] 广西壮族自治区文物工作队、兴安县博物馆《广西兴安县秦城遗址七里圩王城城址的勘探与发掘》，《考古》1998 年第 11 期。

[17] 周世荣《马王堆三号汉墓地形图古城邑的调查》，《湖南考古辑刊》第 2 辑，1984 年。

[18] 沈仲常、陈显丹《四川广汉发现的东汉雒城遗迹》，《中国考古学会第五次年会论文集》，文物出版社 1988 年版。

[19] 安志敏《青海的古代文化》，《考古》1959 年第 7 期；《元兴元年瓦当补正》，《考古》1959 年第 11 期；黄盛璋《西海郡历史地理辨正》，《考古》1961 年第 3 期；高东陆、赵生琛《青海地区的古代城池与边墙》，《中国考古学会第五次年会论文集》，文物出版社 1988 年版。

[20] 内蒙古文物工作队《和林格尔县土城子试掘纪要》，《文物》1961 年第 9 期；《内蒙古和林格尔县土城子古城发掘报告》，《考古学集刊》第 6 集。

[21] 李兴盛《内蒙古卓资县三道营古城调查》，《考古》1992 年第 5 期。

[22] 曹汛《漫河尖古城和汉安平瓦当》，《考古》1980 年第 6 期。

[23] 侯仁之、俞伟超《乌兰布和沙漠的考古发现和地理环境的变迁》，《考古》1973 年第 2 期。

［24］甘肃居延考古队《居延汉代遗址的发掘和新出土的简册文物》，《文物》1978
　　　年第1期。

［25］吴礽骧《玉门关与玉门关候》，《文物》1981年第10期；《河西汉塞》，《文
　　　物》1990年第12期；甘肃省文物考古研究所《甘肃省文物考古工作十年》，
　　　《文物考古工作十年（1979～1989）》，文物出版社1990年版。

［26］靳维柏、王学良、黄星坤《黑龙江省友谊县凤林古城调查》，《北方文物》
　　　1999年第3期；许永杰等《三江平原汉魏考古获重要成果》，《中国文物报》
　　　1999年8月11日；《七星河流域聚落考古取得初步成果》，《中国文物报》
　　　1999年12月12日；黑龙江省文物管理局《黑龙江省考古五十年》，《新中
　　　国考古五十年》，文物出版社1999年版。

［27］穆舜英《古楼兰文明的发现及研究》、林梅村《楼兰尼雅遗址概述》、孟凡人
　　　《罗布淖尔土垠遗址试析》，《楼兰文化研究论集》，新疆人民出版社1995年版；
　　　新疆楼兰考古队《楼兰古城址调查与试掘简报》，《文物》1988年第7期。

［28］陈戈《新疆米兰古灌溉渠道及其相关的一些问题》，《考古与文物》1984年
　　　第6期。

［29］刘文锁《尼雅考古研究综述》，《楼兰文化研究论集》"附录"；林梅村《汉代
　　　精绝国与尼雅遗址》，《文物》1996年第10期；于志勇《民丰尼雅遗址》，
　　　《中国考古学年鉴·1996年》，文物出版社1997年版；景爱《尼雅之谜》，中
　　　国书店1999年版；新疆文物考古研究所《新疆民丰县尼雅遗址95MNI号墓
　　　地M8发掘简报》，《文物》2000年第1期。

［30］李遇春《新疆和田县买力克阿瓦提遗址的调查和试掘》，《文物》1981年第1期。

［31］新疆文物考古研究所、法国科学研究中心中法克里雅河考古队《新疆克里雅
　　　河流域考古调查概述》，《考古》1998年第12期；新疆文物事业管理局、新
　　　疆文物考古研究所《新疆维吾尔自治区文物考古五十年》，《新中国考古五十
　　　年》，文物出版社1999年版。

［32］黄文弼《塔里木盆地考古记》，科学出版社1958年版；中国社会科学院考古
　　　研究所考古科技实验研究中心、汉唐考古研究室《新疆库尔勒至轮台间古代
　　　城址的遥感探查》，《考古》1997年第7期。

［33］黄文弼《塔里木盆地考古记》，科学出版社1958年版；《新疆考古发掘报告
　　　（1957～1958）》，文物出版社1984年版。

五 魏晋南北朝城址

魏晋南北朝时期除西晋短期统一外，国家长时间处于分裂状态，南方先后建有东吴、东晋及宋、齐、梁、陈六朝，北方先后建有曹魏、北魏及十六国等，另在东北地区有高句丽国兴起。经考古调查和发掘的这一时期城址亦较多。

（一）六朝诸城

经调查或发掘的六朝时期的城址包括武昌、建康、铁瓮城及寻阳城等。

（1）武昌城

武昌城位于今湖北鄂州市鄂城区，俗称吴王城。汉代在此置鄂县。三国初年，孙权称吴王时扩筑此城以为国都，改称武昌。后迁都建业，以武昌为西都。晋及南朝时，其为武昌郡治，隋唐以后为武昌县治（民国时期改为鄂城县；又改原江夏县为武昌县，即今武汉市武昌区）。

1980 年至 1981 年间，在蒋赞初主持下，南京大学历史系考古专业和湖北省博物馆对该城址进行调查和勘探，确认其位于隋唐至明清武昌县城之东的滨江地带，西垣大致在明清武昌县城内东垣以西约 200 米一线，西北角在寿山高地，依地势作抹角形，当为流津门所在。城门外壕口以西 300 米的江边即今轮渡码头，推测六朝时期的码头亦当在此。已探出西垣北段夯土层及西南角一带有大面积夯土层，西南角当有角楼建筑。西垣外城壕北起壕口，南至王家墩，宽 50～60 米。南垣西起王家墩，东迄陈家湾，地表上遗留有三小段夯土城墙。中部偏西段长 110、宽 18～28、残高 4～4.6 米。中部偏东段长 120、宽 22～30、残高约 6 米，城墙外侧发现一处长 17、宽 7 米的凸出土台，应为马面遗迹，并发现一处宽约 20 米的缺口，很可能为吴王城的南门所在。东南角一段城墙长约 90、宽 15、残高 2 米。南垣外城壕宽 50～70 米，或仍存水面，称"壕塘"；或淤为菜地，称"壕田"。东垣南起陈家湾，北至江边的窑山，其南段原保存较好，50 年代地面上尚可见一道高达 6～7 米的土垣，现仍可看出这一带的地形是内坡平缓、外坡较陡，高于外侧农田 7～8 米。东垣中段向内凹进处俗称"土

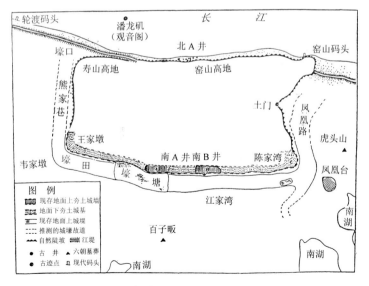

图三六　湖北鄂州六朝武昌城城址平面示意图

门"，疑为六朝武昌城东门所在。东垣外城壕仅南端有部分遗迹，宽约 50 米。北垣西起寿山，东迄窑山，系利用陡峭的江岸构筑，因江为池，故不设城壕。其城墙遗迹，除在东西两端高地上发现有夯土层外，中部已被江水侵蚀成向内凹进的弧形江岸。在宽 20～30 米的江滩上散布有大量的汉末至孙吴两晋时期的筒瓦、板瓦及青瓷碗、罐碎片，并发现九处排列有序的井窑底部遗迹，表明其原为北垣所在的江岸底部。由此可知，城址平面大体作长方形，东西长约 1100、南北长约 500、周长约 3300 米（图三六）。

在城内东南角、西北角发现有较大面积的夯土建筑基址。西南角及东南角外城壕附近发现有较大面积的铜炼渣和烧土堆积，推测这一带当为六朝时的冶炼作坊区[1]。

（2）建康城

建康城位于今江苏南京市区。据有关记载，春秋战国时期，先后有吴、越、楚等国在此修筑冶城、越城及金陵邑，皆规模较小。三国初年，孙权自武昌迁都于此，兴建大城，"周二十里十九步"，内建太初宫，而称建业。后又建昭明宫，至西晋时改作建邺。东晋时，又改称建康，以为国都，维持旧有的规模，而改建宫城，称建康宫。宫垣作二重，"周约八里"。后为宋、齐、梁、陈诸朝所沿用。其城原筑以土墙，东晋末始部分用砖，南齐时又以砖砌外郭城，南梁时增建第三重宫垣。其遗迹现多已无存。

1934 年，中央大学朱偰等曾在此进行实地考察，并结合文献记载撰《金陵古迹图考》，推测六朝建康城约在今南京中山路西侧、北极阁下、中山东路南侧、北太平路东侧的范围内。而宫城即台城南面约在今珠江路中段，西抵进香河、东至珍珠河、北至北极阁下鸡鸣寺之南即南京工学院北墙一带。在鸡鸣寺后明代城墙之下有一段长约 200 米的残城基。经南京博物院罗宗真等调查后得知，其所用城砖每块长 48、宽 23、厚 10 厘米，砖的原料、颜色、大小均和上层明代城砖不同，而与六朝基砖近似，可判断为六朝城墙遗迹。其加砌城砖当在南齐之后。

从六朝水系的分布亦可推测都城的范围。其运渎源自玄武湖，入北水关，过大石桥、莲花桥、破布营到斗门桥入秦淮河，今已淤塞或填平。东渠即青溪，源自紫金山，自东北入城，流经竺桥、太平桥、五老桥、升平桥、四象桥至淮清桥入秦淮河。潮沟源自青溪，由玄武湖入城，经西仓桥、大石桥入运渎。北渠由玄武湖入城到珍珠桥、浮桥通青溪。此三河今尚有部分残存。其珍珠河北自玄武湖，南至珍珠桥、浮桥，向西至莲花桥，再折向北至进香河、抵西仓桥，又折向东过北极阁下，仍汇于今南京市人民政府前，形成一长方形水道，宽、深相近，可能即是宫城的城壕，其内即宫城所在。

此外，当时还在都城外秦淮河南置丹阳郡、清凉山置石头城、青溪东南筑东府城等，今仅存石头城遗迹。石头城系利用清凉山的自然形势在山岩上填以土石筑成，其西北两面紧靠长江，形势极为险要。仅存旧址的边缘长 118 米，下部岩石俱属紫红色的砂质砾岩，当时江水直达城边，冲击暴露的岩石。在岩石上面有垒石所筑的城墙和少数六朝城砖，其上还有六朝以后的砖墙，可判知此石头城下层的石城和一部分砖城为六朝遗迹。

1999 年 4 月，南京市文物研究所与中山陵园管理局文物处在明孝陵陵域内进行文物调查时，于紫金山中峰向南延伸的一座山梁顶部发现六朝中期的大型坛类建筑遗存。坛体为正南北方向，北依主峰，东、南、西三面周边由四层台面组成。每层台面的外缘用加工过的山石顺山势垒砌墙体，其中从上向下的第二道石墙为坛墙主体，边长约71米。最下一道即第五道石墙边长约88米，平面略呈正方形。主坛体表面又用较纯净的黄土堆筑四个小台，高约1米，平面呈方形，边长约20米。其中较大的一个位于主坛南部正中，其余三个位于北面，东西作一线排列。主坛体表面和四个小台上分布有祭祀坑，坑内出土木炭和兽骨等。主坛南面正中顺山坡砌造一条方向为正南北的石阶道路，向山下延伸，长度超过100米。在坛体边缘及南面台阶两侧堆积中出土有颇具时代特征的莲花纹瓦当。结合文献记载，推断其为刘宋孝武帝所造"北郊坛"遗迹[2]。

（3）铁瓮城

铁瓮城位于江苏镇江市区北固山南峰的大山上。三国初年，孙权在此筑城，"周回六百三十步，内外固以砖，号铁瓮城"。因其东南临近京岘山，故名京城。东晋以后多称京口，曾一度移晋陵郡治于此。唐代于此置润州。

1984年，镇江市博物馆刘建国等在花山湾一带调查试掘，探明一座古城址。其平面略呈梯形，东垣长约700、顶宽5～10、底宽30～50、残高10～15米，北垣长约1400、顶宽8～15、底宽40～60、残高20～25米，西垣长约1400、顶宽5～8、底宽50～70、残高13～22米，南垣长约1200、顶宽5～10、底宽40～70、残高10～13米，周长约5000米。城墙大都是依山加土夯筑，两侧砌以护墙砖，城砖有少数侧面模印文字，如"晋陵"、"晋陵罗城孟胜"、"花山"、"罗城砖"，"东郭门"、"南郭门"等。城西北部将铁瓮城所在的铁瓮山包围在内。发掘者推测，此城当为晋陵罗城。

1991 年至 1994 年间，由蒋赞初主持，南京大学历史系考古专业和镇江古城考古所合作对花山湾城址及铁瓮城城址进行勘探和发掘，探明铁瓮城平面似瓮状，南北长约 340、东西宽约 220 米。城墙系三国至明清多次修筑而成，发现有六朝早期内外包砖墙，可确认为其始建于三国时期。而就花山湾城址东垣等处夯土中所包含的遗物判断，其时代上限不早于中唐，下限不晚于唐末五代，当修筑于唐代晚期，与唐代润州的罗城有关[3]。

（4）寻阳城

古寻阳城原在江北，晋时置寻阳郡，历经东晋、宋、齐、梁、陈，为江州戍守处，隋代因水患迁至今九江市区。1981年及 1985 年，江西省文物工作队李科友等在九江县赛城湖一带发现一座城址，并弄清了其分布范围。该城面积约 3 平方公里。城内发现有陶瓷作坊、砖窑及房址、水井、墓葬等。在一处长约 20、宽约 10 米的长方形台地上，中部有一长方形水池，四角放置太湖石，可能为庭园遗迹。城址被湖水所淹，未见城墙。推断其当为六朝寻阳城所在[4]。

（5）巫县故城

1994 年，中国社会科学院考古研究所长江三峡工作队在重庆巫山县城北发现一条东西向夯土城墙，长约 100、宽约18、残高 2.1 米，内含汉以前瓦片等。推断其当为西晋巫县（隋代改称巫山县）故城所在，后世县城即延续西晋巫县城而发展[5]。

（二）曹魏北朝诸城

经调查或发掘曹魏、北魏及十六国时期城址包括邺城、伏俟城、统万城以及怀朔镇、抚冥镇、长川城等。

（1）邺城

邺城城址位于今河北临漳西南 20 公里邺镇一带。东汉末年，曹操在此营建王都，即邺北城。后曹丕迁都洛阳，以邺为五都之一。十六国时期，后赵、冉魏、前燕亦以邺为都。北朝时期，东魏在其南兴建邺南城，作为都城，北齐相沿，而邺北城仍继续使用。

1935 年，北平研究院曾派人来此实地考察。1957 年，俞伟超亦对城址进行调查。1976 年至 1977 年间，河北省临漳县文物保护所又做过勘探。自 1983 年开始，由徐光冀主持，中国社会科学院考古研究所和河北省文物研究所合作组成邺城考古工作队，对城址进行全面勘探发掘工作。至 1986 年，已先后完成邺北城和邺南城的勘探。其邺北城城墙已全部埋于地下，经勘探探出南垣大部分墙基及东南城角、东垣墙基 1300 米、北垣墙基 350 米，西垣南段长约 300 米的斜墙墙基，宽度为 15～18 米。除西垣南段斜墙系利用早期城墙外，余者均为曹魏时期所营建，有十六国及北朝时期修补的痕迹。依西垣北段与三台同在一线推计，城址东西长 2400 米；西垣南段向外凸出，东西最宽处长 2620 米；南北长 1700 米。南垣、东垣及北垣各发现城门一座，门道宽约 20 米。东垣城门外有瓮城遗迹，因未发掘，不能确定其修筑年代。城内探出道路六条，中部东西向大道一条，长 2100、宽约 13 米，中段略向南弯曲。

其南有南北向大道三条，中心南北向大道长 730、宽 17 米，东、西南北向大道宽 13 米。其北南北向大道两条，分别宽 13 米、10 米。在东西向大道之北中央部位发现十处夯土建筑基址，西部发现四处夯土建筑基址，未发现宫城城垣遗迹。其三台中之铜爵台、金虎台基址现仍保存于地面上，南部金虎台南

图三七 河北临漳邺城金虎台遗址

北长 120、东西宽 71、高 12 米（图三七）；中部铜爵台仅存东南部分，南北长 50、东西宽 43、高 4～6 米。两台之间相距 83 米。北部冰井台遗迹已不存。结合有关文献记载，可大体复原邺北城。其南垣三座城门，中为中阳门，西为凤阳门，东为广阳门，各连接城内南北向大道；东垣建春门、西垣金明门连接城内东西向大道；北垣东为广德门，西为厩门，各连接城内南北向大道。建春门与金明门之间的东西向大道将全城分为

南北两区，北区中部集中为宫殿区（包括重要衙署），西边是铜爵园（后赵为九华宫）和三台，东边是戚里；南区为一般衙署、里坊等。连接南垣中门即中阳门的南北向大道当与北区宫城正门及正殿相通，形成全城的中轴线，由此使得平面布局更为对称和规整[6]。

（2）邺南城

邺南城址大部分处于今漳河南岸，北面的一部分在漳河河床中，亦全部淹没于地下。城墙大部分仅剩基槽，一般宽7～10米。东、南、西三面城垣遗迹不是呈直线分布，每面城墙都有舒缓的弯曲，东南、西南城角为弧形圆角，形制特殊。北垣沿用邺北城南垣。其南北长3460、东西最宽处长2800米。据文献记载，"邺南城十一门"。经勘探确定，南垣城门三座，东为启夏门、中为朱明门、西为厚载门；西垣城门四座，自南而北依次为上秋门、西华门、乾门、纳义门；东垣南门为仁寿门，其北中阳门、上春门、昭德门未发现。南垣中门即朱明门已经发掘，探明是由门墩及三个门道和向南伸出的东西两墙与东西两阙组成。门墩连接向西南、东南斜伸的城墙，墙南端各有一个略呈方形的阙。门墩部分在原9.5米宽的南城墙北边加宽10.8米，加宽部分夯土的东西长为84米，整个城门墩进深为20.3米。中央门道宽5.4米，两旁门道宽4.8米，门道之间有宽约6米的隔墙。东、南、西三面城墙外侧筑有马面，共探出五十座。城外有护城河遗迹，宽20米。城内发现东西向、南北向道路各三条，均与城门相连。连接朱明门的南北向大道存长1920、宽38.5米，路面发现许多车辙痕迹，路两侧有路沟。其北抵宫城正南门，应为邺南城之中轴线。其他道路宽5～11米。

　　宫城位于中央偏北，东、南、西宫墙均呈直线走向，北宫墙东段向北偏折，南北长 970、东西宽约 620 米。宫城内及其附近发现十五处建筑基址，居于全城中轴线上的几座宫殿基址面积较大。依中轴线而分，东半部明显大于西半部，东宫墙北端已超出北宫墙。这很可能是文献中记载的北齐中后期扩建宫

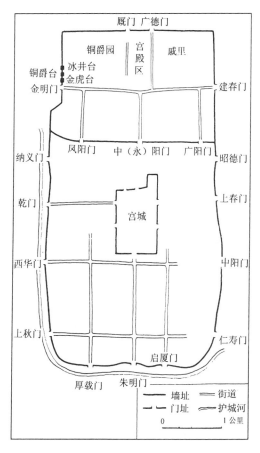

图三八　临漳邺南城城址平面示意图

城造成的（图三八）。邺南城"上则宪章前代，下则模写洛京"，"其制度盖取洛阳与北邺"，各有所取，精心规划，堪称都城建设的杰出范例[7]。

（3）古城台城址

曹魏时期，在今青海西宁市区置西平郡，后南凉秃发氏建都于此。西宁古城台城址，原在商业厅大院和交通巷北遗留有断续的城基，范围东西长约400、南北宽约350米，四城角有烽堆遗存。古城台以西有一夯土台，呈金字塔状，底部边长51、台高33米，传为秃发氏所筑。此城有可能是在魏西平郡西城的基础扩建而成[8]。

（4）伏俟城

吐谷浑建都伏俟城，"在青海西十五里"。1960年，方永在青海共和县境青海湖西岸布哈河下游谷地南侧发现一座古城址，黄盛璋考证其当为伏俟城所在。1981年，青海省文物考古队经再次调查探明，其东西长220、南北宽200米。城墙约高12、基宽17米。只开东门，门宽10米，门外有一折角形遮墙。自城门向西有一中轴大道，大道两旁有房屋基址，中轴线西端有一小方院，东西长66、南北长70米，倚西垣而建。小院东南角有一圆形夯土台，直径约15、高9米。城外东、南、西三面有用砾砂石堆积隆起的类似城墙的围子，可能是防洪的堤坎[9]。

（5）统万城

匈奴族首领赫连勃勃所立夏国之都在今陕西靖边北无定河北岸原上，其取名"统万"，寓"统一天下，君临万邦"之意。北魏灭夏后，于此置统万镇，后又改置夏州，隋唐因之，宋以后渐沦为废墟。清代徐松任榆林知府时曾派横山县知事何炳勋前往调查，确认白城子即统万城故址。20 世纪 50 年代以来，陕西省文物管理委员会和北京大学地理系侯仁之等先后来此考察。1975 年，陕西省文物管理委员会戴应新等对城址进行测绘和试掘，探明城址基本在一个平面上，西北略高，分为外郭城、东城和西城。外郭城依无定河北岸原边地势，呈西南——东北走向，然后西折，趋向东城北垣，破坏严重，仅留断断续续的几段略高于地面的残迹，轮廓不大清楚。东西两城除东城南垣一段被沙丘覆压外，现存城垣均高出地面 2～10 米，尤以西城保存最好。两城略呈长方形，系由一道隔墙分为东西两部分，北垣在一条直线上。西城周长 2470、北垣长 557、东垣长692、南垣长 500、西垣长 721 米，略有折曲，基宽约 16 米；东城周长 2566、北垣长 504、东垣长 737、南垣长 551 米，西

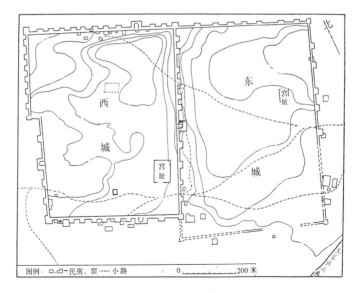

图三九　陕西靖边统万城城址平面示意图

垣即西城东垣而略有延伸，长 774、基宽 6～12 米。四城角有
凸出城外的墩台，且高于城墙，西南隅墩台高达 31.62 米。其
上原当建有角楼。城墙外侧均加筑马面。西城四面各有一门，
依文献所载，南门名朝宋门，西门名服凉门，北门名平朔门，
东门名招魏门。其西门瓮城宛然尚存。东城北垣无门、东垣有
一门道，南垣情况不明（图三九）。西城南部正中有一长方形
台基。其城墙、隅墩、马面和台基均由白色土施夯版筑而成，
夯层清晰，规整细密，有如石砌砖叠一般。经化验分析，城土
的主要成分是石英、黏土和碳酸钙。石英即沙粒，碳酸钙是石
灰（氧化钙）吸收二氧化碳而来的，质极坚硬。沙、黏土和石
灰加水混合便成三合土，故"其城土色白而牢固"。在西城东
南部及东城东北部发现有宫殿基址。出土砖、瓦、铜镜、铜佛
像及汉代"西部尉印"铜印等。

据文献记载，统万城是在汉代奢延城基础上建立的。由印
文可知，汉上郡西部尉驻此。通过考古勘探查明，城址建筑物
废墟的瓦砾层下是原生自然堆积的细沙，钻深 13 米，已深入
到城墙根基之下，仍是一色的黄沙，可见沙是筑城前就有的
了。当年这里水草丰美，唐宋以后渐受风沙侵害。这是由于当
地植被遭到破坏，底沙泛起的缘故[10]。

（6）平城

北魏初都平城，在今山西大同市北。1995 年，这一带发
现明堂辟雍遗址。其平面呈圆形，直径达 290 米，明堂位于中
央，是方形夯土台基，边长约 43 米。外围以环形水沟，周长
约 900、宽 6～15、深 1.4 米，皆用砂岩块石砌壁，这为寻找
北魏平城城垣及中轴线提供了线索[11]。后迁都洛阳，因汉晋
洛阳城址而重建，前已述及。

（7）怀朔镇城

北魏初年，为抵御柔然等部族，拱卫平城，沿北边置沃野、怀朔、武川、抚冥、柔玄、怀荒六镇，以为军事据点，后又加筑戍城。除怀荒镇在今河北张北县北外，均在内蒙古境内。经考察确认，今乌拉特前旗根子场古城为沃野镇城、固阳县城库伦古城为怀朔镇城、武川县土城梁古城为武川镇城、四子王旗境内古城为抚冥镇城、察右后旗白音查干镇东北古城为柔玄镇城、呼和浩特坝口子古城为白道城、托克托县古城村古城为云中镇城等。

怀朔镇城址位于固阳北约 30 公里的丘陵地带，其地有城库伦古城，或作城喎喻古城。1979 年至 1980 年间，内蒙古文物工作队张郁等对城址进行调查发掘，探明其城依丘陵而筑，平面略呈不规则的五边形，东西长约 1300、南北长约 1100 米，南北两垣保存较好，西垣残存一部分，东垣大部分被破

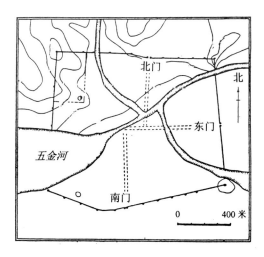

图四〇　内蒙古固阳怀朔镇城址平面示意图

坏。北垣长 1213、基宽约 9 米，东垣长约 920 米，西垣长约 1000 米，南垣中段偏西向外凸出，呈折线形，全长 1360、基宽 4～9 米。城墙外侧设马面，城角有角楼。南、东、北三垣中部各有门址，地表遗迹为两个连接的土丘。城内西北隅有子城，平面呈长方形，南北长 360、东西宽 220 米，西北两面倚大城，东南两面沿山坡圈筑，墙宽约 5 米。与城门连接的街道宽约 15 米，互呈丁字形相交（图四〇）。该城址出土有砖瓦及泥塑佛像等[12]。

（8）抚冥镇城

四子王旗境内有乌兰花土城子古城和嘡嗡图古城。50 年代，张郁曾做过调查。后李兴盛等亦来此考察。乌兰花土城子古城位于旗政府所在地乌兰花镇南约 6 公里的山间盆地内，平面呈方形，边长 900 米，城墙残高 1～5、基宽约 12 米，南、北正中各设一门。城内中部有三处建筑基址。嘡嗡图（库伦图）古城位于乌兰花镇东北约 30 公里的小盆地内，平面呈方形，东西宽 420、南北长 455 米，城墙残高 1～3、基宽 8～10 米，设有马面及角楼。城内未发现建筑遗迹。从出土遗物来看，两城当均建于北魏前期。而研究者对何者为抚冥镇城则意见不一，李兴盛等根据城的规模等推断，乌兰花土城子古城为抚冥镇城，库伦图古城应是当时根据某种需要而增筑的[13]。

（9）土城子城址

内蒙古兴和西北 15 公里有土城子城址。经常谦考察，其平面呈正方形，北垣、东垣及东北、西南城角保存较好，周长约 2000 米。城墙残存底宽 6～20 米，未发现角楼、马面和瓮城建筑。北魏早期，始祖神元帝拓跋力微投靠鲜卑首领没鹿回部大人窦宾，居此一带，古称长川。此城很可能即长川城。窦宾死后，拓跋力微杀其二子，尽有其众，势力渐强，后迁于定襄之盛乐（今内蒙古和林格尔土城子）。太武帝时，筑马射台于长川，长川城成为与六镇同等重要的军事要城[14]。

（三）高句丽诸城

西汉末年，高句丽国兴起，原居于今辽宁浑江流域，后又向北发展至鸭绿江流域，至唐代初期国灭。其先后建都于纥升骨城、国内城及丸都城，长寿王十四年（公元427年）迁都至今朝鲜平壤。20世纪30年代，日本人池内宏、三宅俊成等曾对高句丽城址进行调查，并撰写《通沟》、《辑安》等书。迄今为止，在辽宁、吉林地区经调查和发掘的各类高句丽城址已达一百五十余座[15]。

（1）纥升骨城

纥升骨城一般认为在辽宁桓仁县境。其县城东北约8公里浑江左岸有五女山城。50年代和80年代，陈大为、王锦厚等多次来此调查。1996年至1998年间，辽宁省文物考古研究所等再次对城址进行勘探和发掘，探明其平面略呈靴形，南北长约1500、东西宽300～500米，大部分是利用天然的悬崖峭壁作屏障，仅在东、南部山势稍缓处筑墙封堵。南垣全长1400、现高2～4、顶宽2.5～3.5、底宽5米，以石垒筑。东垣全长1500米，由人工垒砌的六段石墙和天然峭壁组成。山城设有三门，南门位于东南角，宽约2米；东门位于南门之北约150米处，门道宽4米；西门位于主峰西部中间一天然豁口处，宽约2米。城内分山上、山下两部分（图四一）。山上部分即是山的主峰，地势平坦，南北长约600、东西宽130～200米，有

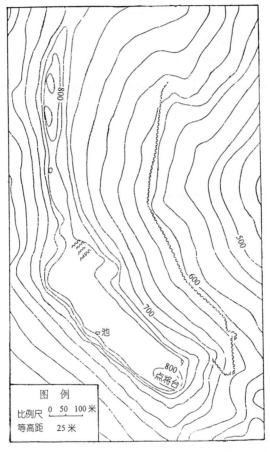

图四一 辽宁桓仁五女山城城址平面示意图

瞭望台、蓄水池、大型建筑基址、兵营式建筑群址等遗存，并
出土大批高句丽时期遗物。

桓仁县西南 3 公里浑江西岸有下古城子城址，与五女山城
隔江相望，相距 10 公里。下古城子城址地处平原，为夯筑土

城，高出周围地面约 1 米，平面近方形，西垣长 264、北垣残长 237、东垣残长 226、南垣残长 212、基宽 2～3 米。以西北角保存较好，残高约 2 米，上部有后代所筑石墙。东垣、南垣各开一门。城内发现汉代、高句丽时期及辽金时期遗物，城外发现一百余座高句丽早、中期墓葬。结合有关文献和好太王碑文所记推断，下古城子古城当修筑于高句丽建国前，为纥升骨城之所在。高句丽建国之初先居此城，而后又营筑山城为都，前后历四十余年[16]。

（2）国内城

国内城即今吉林集安市区内旧城。其西南有通沟河汇入鸭绿江。1980 年，经集安县文物保管所实地勘测得知，城址平面略呈方形，北垣长 715.2、东垣长 554.7、南垣长 751.5、

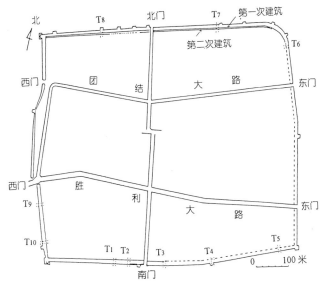

图四二　吉林集安国内城城址平面示意图

西垣长 664.6、周长 2686 米。城墙内、外壁均用长方形和方形石材垒砌，中间用土和沙石夯筑。基宽 7～10、残高 2～4 米。城墙外侧修筑马面，四城角建有角楼。有城门六座，南、北各一，东、西各二，连接城内道路，或为原有古道（图四二）。城外东北两面有护城河遗迹，宽约 10 米，西南两面以通沟河和鸭绿江为天然护城河。城内中部发现三处墙基、础石遗迹，东西成一条直线，长约 240 米，可能是宫殿遗址。城外东部东台子亦发现建筑基址。

发掘表明，城墙底部有一道剖面呈弓形的土垣，修筑年代在高句丽建国以前，其北垣、东垣、南垣和西垣南段石墙均叠压在土垣之上。惟西垣北段墙基与此不同，且与西垣南段不在一条直线上，当为改筑石墙所移位。石墙当为高句丽迁都以后所筑，且有多次修葺的痕迹。高句丽以此为都，前后历四百余年[17]。

（3）丸都城

丸都城即尉那岩城位于集安城北 2.5 公里丸都山上，南临通沟河。其以山峰的自然形势垒筑城垣，平面不甚规整，呈椭圆形，北垣长 1009、东垣长 1716、南垣长 1786、西垣长 2440、周长 6951 米。北、东、西三面城垣垒筑在形如半圆的峰脊上，外临陡峭的绝壁，内抱较为广阔的坡地，南面城垣地势较低，整个山城如簸箕状。在山脊平坦处用花岗岩裁石垒筑城垣，石材平整，而东南角则以悬崖陡壁为墙，偶有裁石垒筑缺口。城垣高 4～5 米，各垣均有女墙。东垣有城门两座，门道宽 3 米。北垣有城门两座，门道宽 2 米。南垣有一瓮门，下有涵洞，城内溪水从此流出城外，入通沟河。城内西北隅有一峰顶，城垣绕山峰外侧呈半圆形垒筑，与山峰平齐，形成直径为 8 米的圆台，可四面瞭望。南部有宫殿遗址，东西长 62、南北长 92 米，进深作三层阶地。每层阶地均用石条叠砌阶壁，面向朝西。宫殿遗址前有瞭望台遗址，以石垒砌，通高 11.75 米，台顶近方形，边长 6 米。其北有戍卒驻地遗址，东南有蓄水池遗址。此山城的作用是拱卫山下国内城，战乱时期亦曾暂时移居于此[18]。

（4）国北新城

辽宁抚顺市区北郊高尔山有"国北新城"。20 世纪 80 年代以来，经辽宁省博物馆调查和发掘探明，其城墙为土筑，平面呈不规则多边形，周长约 7000 米，设北、东、南三门，南为瓮门。城内西部有一处高台建筑，其东侧有一砖砌的长方形水槽和用整块筒瓦铺设的露天排水道，南侧有数段铺石小路。城外西南部利用半环形山脊的地势，在北部和南部加筑土壁与西北城角、西南城角相连，形成外城。西北部设角台，东南部筑椭圆形围墙。其修筑年代在高句丽中、晚期[19]。

（5）催阵堡山城

辽宁铁岭市东南 17 公里汛河北岸有催阵堡山城。1992 年至 1993 年间，经周向永等调查得知，城址系利用青云山中段一自然形成的近封闭山谷稍加修葺而成，平面略作四指并拢而拇指伸开的掌形，东西长约 1500、南北宽约 1100、周长 5202 米。南垣及东垣南段为土筑，存高、宽均 1 米左右。其他地段多为石砌，北垣西段存高 8 米，西垣南段存高 1.2、宽 1 米。有角台八座，位于城墙转角或峰巅之上。全城北高南低，沟壑流水汇于南中部。此段墙体兼用作拦水堤坝，留出宽 12.5 米的泄水口，偏西处设南门及暗门。在北垣中部设北门。西垣外发现壕沟和石墙遗迹。城内中部偏南有蓄水池。另发现有石砌建筑遗址及土坑群等。结合有关文献推测，此城应是高句丽的金山城[20]。

此外，经调查并考定的还有建安城即盖县青石岭山城，周长 5000 米；卑奢城即金县大黑山城，周长 5000 米；安市城即海城市英城子山城，周长 2500 米；白岩城即辽阳岩州城山城，周长 2000 米；盖牟城即沈阳市陈相屯塔山山城，周长 1000 米，以及乌骨城即凤城县凤凰山城、扶余城即西丰县凉泉城子山城等[21]。规模不等，形制略同，相互间当有领属关系。其着眼于攻战防守，善用山势之险，就地取材而为城，颇具特色。

魏晋南北朝时期政权虽处于分裂状态，但因儒风渐盛，都城如建康、邺城和洛阳城等在遵循商周礼制方面具有明显的趋同性，一改秦及西汉时期都城建造上的随意性。同时，佛教盛行，寺院又成为城中一新的景观。这一点，在高句丽迁都平壤后所营建的都城中亦有反映[22]。

注　　释

[1] 蒋赞初、熊海堂、贺中香《湖北鄂城六朝考古的主要收获》，《中国考古学会第四次年会论文集》，文物出版社 1985 年版；蒋赞初、李晓晖、贺中香《六朝武昌城初探》，《中国考古学会第五次年会论文集》，文物出版社 1988 年版。

[2] 罗宗真《江苏六朝城市的考古探索》，《中国考古学会第五次年会论文集》，文物出版社 1988 年版；贺云翱、邵磊、王前华《南京首次发现六朝大型坛类建筑遗存》，《中国文物报》1999 年 9 月 8 日。

[3] 镇江博物馆《镇江市东晋晋陵罗城的调查和试掘》，《考古》1986 年第 5 期；刘建国《晋陵罗城初探》，《考古》1986 年第 5 期；镇江古城考古所《铁瓮城考古发掘纪要》，《南方文物》1995 年第 4 期；镇江六朝唐宋古城考古队《江苏镇江市花山湾古城遗址 1991 年发掘简报》，《考古》1999 年第 3 期。

[4] 李科友、刘晓祥《江西九江县发现六朝寻阳城址》，《考古》1987 年第 7 期。

［5］杜玉生《巫山县西晋巫县故城》，《中国考古学年鉴·1995 年》，文物出版社
　　1997 年版。

［6］俞伟超《邺城调查记》，《考古》1963 年第 1 期；河北省临漳县文保所《邺
　　城考古调查和钻探简报》，《中原文物》1983 年第 4 期；中国社会科学院考
　　古研究所、河北省文物研究所邺城考古工作队《河北临漳邺北城遗址勘探发
　　掘简报》，《考古》1990 年第 7 期；徐光冀《曹魏邺城的平面复原研究》，
　　《中国考古学论丛》，科学出版社 1993 年版。

［7］中国社会科学院考古研究所、河北省文物研究所邺城考古工作队《河北临漳
　　邺南城朱明门遗址的发掘》，《考古》1996 年第 1 期；《河南临漳县邺南城遗
　　址勘探与发掘》，《考古》1997 年第 3 期。

［8］高东陆、赵生琛《青海地区的古代城池与边墙》，《中国考古学会第五次年会
　　论文集》，文物出版社 1988 年版。

［9］黄盛璋、方永《吐谷浑都城——伏俟城发现与考证》，《考古》1962 年第 8
　　期；青海省文物考古队《青海湖环湖考古调查》，《考古》1984 年第 3 期。

［10］陕西省文物管理委员会《统万城城址勘测记》，《考古》1981 年第 3 期。

［11］刘俊喜、张志忠《大同发现北魏明堂辟雍遗址》，《中国文物报》1998 年 1
　　月 21 日。

［12］内蒙古文物工作队、包头市文物管理所《内蒙古白灵淖城圐圙北魏古城遗址
　　调查与试掘》，《考古》1984 年第 2 期。

［13］张郁《内蒙古大青山后东汉北魏古城遗址调查记》，《考古通讯》1958 年第 3
　　期；李兴盛、赵杰《四子王旗土城子、城卜子古城再调查》，《内蒙古文物考
　　古》1998 年第 1 期。

［14］常谦《北魏长川古城遗址考略》，《内蒙古文物考古》1998 年第 1 期。

［15］张博泉、魏存成《东北古代民族考古与疆域》，吉林大学出版社 1998 年版。

［16］陈大为《桓仁县考古调查发掘简报》，《考古》1960 年第 1 期；《辽宁高句
　　丽山城再探》，《北方文物》1995 年第 3 期；王绵厚《高句丽的城邑制度
　　与都城》，《辽海文物学刊》1997 年第 2 期；辛占山、李新全、梁志龙、
　　王俊辉《桓仁五女山山城考古发掘获重要成果》，《中国文物报》2000 年
　　1 月 19 日。

［17］集安县文物保管所《集安高句丽国内城址的调查与试掘》，《文物》1984 年
　　第 1 期。

［18］李殿福《高句丽丸都山城》，《文物》1982 年第 6 期。

［19］徐家国、孙力《辽宁抚顺高尔山城发掘简报》，《辽海文物学刊》1989 年第 2 期。

［20］周向永、王兆华《辽宁铁岭市催阵堡山城调查》，《考古》1996 年第 7 期。

［21］陈大为《辽宁高句丽山城再探》，《北方文物》1995 年第 3 期。

［22］王绵厚《高句丽的城邑制度与都城》，《辽海文物学刊》1997 年第 2 期。

六

隋唐五代城址

隋唐五代时期南北融合，东西交流，使城市得以迅速发展。自 20 世纪初在西域发现交河、高昌故城以来，迄今已对都城长安、东都洛阳、府州县城扬州、庭州及渤海、南诏诸城百余座进行考古调查和发掘。

（一）长安与洛阳

（1）长安城

隋代建都城于今陕西西安市区，称大兴，经宇文恺规划设计，先后修筑宫城、皇城及外郭城。唐代相沿，改称长安，又在北部兴建大明宫、在外郭城内营筑兴庆宫等。盛世之都，空前繁华，而毁于唐末之乱。自唐韦述著《两京新记》、宋敏求著《长安志》、吕大防作图刻石，至清徐松撰《唐两京城坊考》等，历代学者对长安城颇多关注。

20 世纪初，日本人足立喜六通过实地考察，写出《长安史迹考》一书。1957 年，陕西省文物管理委员会对长安城址进行探测。中国科学院考古研究所亦从 1957 年起组成西安唐城发掘队，由马得志等主持，对外郭城、皇城、宫城及大明宫等遗迹予以全面勘探和重点发掘。

长安城外郭平面呈长方形，面积 84 平方公里，周长 36.7 公里。其东西长 9721、南北长 8651.7 米，与诸书所记"城东西十八里一百五十步，南北十五里一百七十五步"略有差异。城墙大部分埋于地下，基宽9～12米。北垣中部玄武门及西垣中部金光门附近保留有地面墙体，残高1～3米。东、南、西三垣各三门及北垣四门均已探出。南垣正门明德门址东西长55.5、南北进深18.5米，有五个门道，各宽5米，两端的两个门道有清晰的车辙痕迹。其他城门均为三个门道。城内南北向街道十一条、东西向街道十四条中，除北部三条、南部一条东西向街道外均已探得。连接明德门和皇城正门朱雀门的南北向大街宽150～155米，路面中央略高呈弧形，两侧有水沟。街道相互交叉，将城区除宫城、皇城和两市外分为一百一十坊。皇城正南四列坊面积最小，东西长550～700、南北宽500～590米，东、西各开一门；皇城两侧六列里坊面积最大，东西长1020～1125、南北宽660～838米，四面各开一门。而其南部诸坊面积略小，东西长1020～1125、南北宽500～590米，亦四面各开一门。坊四周筑夯土墙，基宽2.5～3米。坊内设十字街连接四门，街宽15米左右，将坊内分为四区，各区内又设小十字街，分为四小区，从而将一坊分成十六小区。就对安定坊遗址的发掘来看，小十字街宽6米，上有筑墙遗迹，可知在建城之初即有此种规划。至盛唐时期，豪门贵族大兴兼并，竞筑大宅府第，遂将小街并入院内而作废。除民宅外，国子监、京兆府署、万年县署、长安县署等亦设于坊内。因佛教、道教盛行，许多坊内建有寺院、道观，如今存大雁塔（在原晋昌坊）、小雁塔（在原安仁坊），以及经过发掘的新昌坊内青龙寺、延康坊内西明寺等（图四三）。城内中部设东西二市。东市南北长约1000、东西宽924米，四面围墙都保存有部分墙基，西北角和西南角尚完好，墙基宽6～8米。市内街道仅

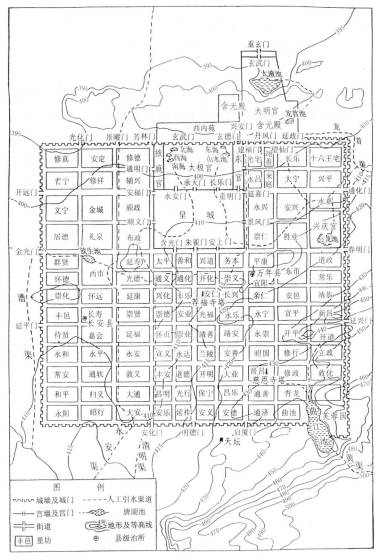

图例
〰〰城墙及城门 ----人工引水渠道
宫墙及宫门 唐湖池
街道 地形及等高线
里坊 县级治所

图四三 陕西西安唐长安城城址平面示意图

找到西街北部、南街西部及北街与西街交叉处各一段，街宽近30米。东北隅有放生池遗迹。西市南北长1031、东西宽927米，北、东两面尚存夯土围墙基址，宽4米许。围墙内有沿墙平行的街道，街宽约14米。市内有南北向和东西向的平行街各两条，宽皆16米。四街交叉呈井字形，将市内划分为九区，每区之内又有小巷道互通。临街地带房址遗迹较稠密，几乎没有空地。其一般是面阔6米多，约两间。小者面阔4米多，约一间。大者面阔10米多，约三间。就出土遗物判断，有饮食店、珠宝店及手工业作坊等。在南街中部的一个店铺遗址中，发掘出大量用骨料、玛瑙、水晶制作的装饰品，以及料珠、珍珠、金饰品和大量骰子。骰子是中亚、西亚一带流行的玩具，唐初渐风行于内地。由此推测，其经营者或为"胡商"[1]。

宫城及皇城位于外郭城北部中央，宫城居北。其北垣即外郭城北垣中段；西垣与明清西安城西垣在同一直线上，南部为西安城西垣所压；南垣在今西安城内西五路以南80余米处，东垣在今革命公园西端，向北经尚平路一带。墙基大部分保存完好，埋于地表之下，宽18米左右。其东西长2820.3、南北长1492.1、周长约8600米，面积约4.2平方公里。已探出南垣五门中的正门即承天门及北垣三门中的西门即玄武门。经发掘，承天门有三个门道，路面上铺石条和石板。宫城中为太极宫，正殿名太极殿；东为东宫，居太子；西为掖庭宫，居宫人，北部是太仓。宫城之北为西内苑。宫城之南为皇城，又名"子城"。其东西两垣与宫城东、西垣相接，南垣即明清西安城南垣。北面无墙垣，与宫城之间以"横街"隔之。据记载，"横街"宽三百步，已探出残宽220余米。皇城东西长2820.3、南北长1843.6、周长约9200米，面积约5.2平方公里。已探出南垣正门即朱雀门，西门即含光门，东门即安上门，西垣北门即安福门，南门即顺义门，均被压于明清西安城垣或城门之下。东垣二门未探明。其朱雀门北与承天门相对，南与明德门相望。经发掘的含光门为三个门道。据记载，皇城内有东西向街七条，南北向街五条，其间分设中央衙署和太庙、社稷等。唐末，长安城毁，仅以皇城作"新城"。明初又以此为基础向北、向东扩展而筑西安城[2]。

唐太宗时，于宫城东北禁苑内龙首塬高地上为太上皇李渊兴筑"夏宫"，初名永安宫，次年改称大明宫，后因李渊死而停建。至高宗时，武则天临政，又重修大明宫，并取代太极宫，成为主要的朝会之所。经勘察得知，大明宫平面南部呈长方形、北部呈梯形。其西垣长2256米，有近1700米残垣尚留在地面，基宽13.5米；北垣长1135米，墙址高隆于地面2～5米，墙基完整；东垣北段偏向东南，长1260米，又东折304米，再南折1050米与南垣相接；南垣即外郭城北垣，在大明宫范围内部分长1674米。其面积约3.2平方公里。北垣之北160米处和东、西垣外侧约50米处有与城墙平行的夹城，墙基宽约4米。除南垣东部二门外，南垣中西部三门、西垣二门、北垣一门及北夹墙一门、东垣一门均已探明。南垣中门即丹凤门为三个门道，其余皆一个门道。为开丹凤门及其南向大街而将其南面的翊善、永昌二坊从中分开，各分为两坊。大明宫内南部有三道东西向隔墙。第二道隔墙中央为含元殿，即大明宫正殿，南对丹凤门。其台基高出平地15.6米，四壁以石砌，东西长76.8、南北宽43米。殿堂台面东西长55、南北宽20米。根据夯土内四排承础石的位置可以确定，其东、西、北三面为版筑夯墙，面阔十一间、进深四间。殿堂前东南有翔鸾阁、西南有栖凤阁，各以飞廊相接。两阁之间为殿前广场，殿堂与广场之间发现坡道遗存，可能与龙尾道有关。翔鸾阁与栖凤阁下平地上设东、西朝堂，为群臣候朝之所。龙尾道起自殿前广场平地，沿两阁内侧坡道，经三层大台，迂回登到殿上

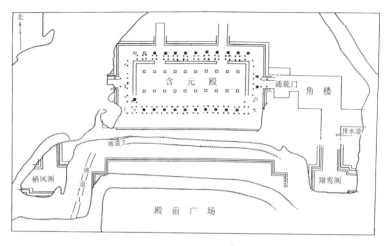

图四四　西安唐大明宫含元殿殿址平面示意图

（图四四）。含元殿东侧隔墙之含耀门经发掘探明为两个门道。含元殿北有宣政殿、紫宸殿遗址，为常朝、内朝之所。其西北有麟德殿遗址，台基平面呈长方形，南北长 130、东西宽 77米，上建前、中、后相毗连的三殿，规模宏伟，为宫内宴会、游戏之所。西夹城南部为翰林院所在，已发掘设于夹城南墙与大明宫西垣相交处的翰林门和院内学士院"南厅五间"、翰林院"北厅五间"及其附属建筑物。为翰林学士待诏供奉之所。大明宫西北隅有三清殿遗址，台基高出当时地面 14 米，南北长 73、东西宽 47 米余，为奉祀道教之所。大明宫东北部有清思殿遗址，东西长 33、南北宽 28.8 米，出土铜镜及鎏金铜装

饰品残片等。据记载，唐敬宗造此殿"用铜镜三千片，黄、白金簿十万番"。其西北临太液池。经勘探可知，太液池分东西两部分，中间以渠道相连。西池东西长约 500、南北宽约 320 米，中有蓬莱山遗迹；东池南北长约 220、东西宽约 150 米。太液池周围有许多廊庑遗存[3]。

开元年间，在外郭城东部兴庆坊营建兴庆宫。其原系唐玄宗为临淄王时旧居，后玄宗即位，扩建为宫并听政于此。为营建兴庆宫，又使北面永嘉坊、西面胜业坊内缩。经勘测可知，其平面呈长方形，南北长 1250、东西宽 1075、周长约 4650 米。四面设门，而以西垣北门兴庆门为正门。宫内中部有一道东西向隔墙将宫城分为二区，北为宫殿区，南为园林区，西南隅发现有勤政务本楼等建筑遗址。外郭城东南隅城外有芙蓉园遗址，四周筑围墙，周长约 7000 米。园内西部为曲江池，周长约 4000 米。外郭城东垣外筑一道与城墙平行的复墙，称夹城。两墙之间称复道，宽约 50 米。复道经过城门处，于城门的南北两侧筑登道，从城门楼上面过去。皇帝由兴庆宫从复道中北去大明宫，南去芙蓉园，往来潜行，不为外人知。长安城内龙首渠、清明渠、永安渠及漕渠亦大体探明[4]。

（2）洛阳城

隋代继大兴城之后又营建东都洛阳，亦由宇文恺规划设计。其不因于汉魏洛阳城址，而西移至今河南洛阳市区，与周东都洛邑（王城）相近。唐初曾废东都，至高宗时复以洛阳为东都，武则天听政，常居洛阳。唐代皇帝移东都听政前后四十余年。宋代以此为西京。

1954 年，阎文儒等曾对城址进行实地考察。自 1959 年起，中国科学院考古研究所组成洛阳发掘队（后改称中国社会科学院考古研究所洛阳工作队），先后由陈久恒、王岩等主持，对外郭城、宫城、皇城及上阳宫遗址等予以全面勘探和重点发掘。洛阳市博物馆等亦间或参与其事。

经勘测可知，洛阳城外郭墙垣大部分残存于地下，平面略近方形，南宽北窄，面向略偏于东南，洛水横贯中部。墙基宽15～20、北垣长6138、东垣长7312、南垣长7290米。西垣洛水以南部分顺河道流势向外凸出，长6776米。周长约27500米，面积约47平方公里。南垣厚载门、定鼎门、长夏门及东垣永通门、建春门已经探明，均为三个门道。另有东垣北门及

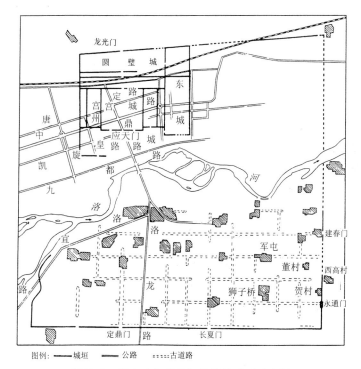

图四五　河南洛阳唐洛阳城城址平面示意图

北垣二门所在具体方位尚不能确认，西垣无门。在洛水之南探出南北向街十二条、东西向街六条，交叉构成五十五个坊；洛水之北探出南北向街四条、东西向街三条，交叉构成九个坊。连接南垣正门即定鼎门和皇城端门的南北向街残长约 3000、宽 90～121 米（图四五）。其余街道及里坊已无法探明。西市在西南隅，南市在东部洛水之南，北市在洛阳旧城东关外，均破坏严重。各坊大多略呈方形，长、宽在 460～580 米之间。其定鼎门内东侧明教坊尚存部分坊墙墙基，北垣残长 240、残宽 1.4 米，西垣北段残长 114、宽 2 米，南段残长 24、宽 4 米。坊中部发现东西向街和南北向街各一条，均宽 14 米，呈十字形相交。其向外与四面坊墙相接处当设坊门。

东南部永通门内履道坊为唐代大诗人白居易故居所在。经发掘探明，履道坊西侧有伊水故渠自南而北经西北角折向东流，白氏宅院位于坊内西北部，残存中厅及廊房残基。中厅平面大致呈方形，东西长 5.5、南北长 5.8 米，东西两端通过回廊往北与东西厢房相连。回廊各长 15.2、宽 3.2 米。厢房东西相对，各长约 8.9、残宽 4 米。东西厢房往北各连一段回廊，再往北遗迹中断，推测这两段回廊可能与上房相接。中厅南侧散水往南 12.6 米处有门房遗址，东西长 5.9、南北宽 1.45 米。由此可知，白居易故居南有门房，北有上房，是一座含有前后庭院的两进式院落。

院落南面探出大片的池沼淤积土，并有一小渠道与西侧的伊水渠相通，可能为白氏宅院的南园遗迹。白府这种布局与白居易有关的描述诗文可相互印证。遗址中出土大量的建筑构件和唐代瓷壶、碗、盘、杯、盂等。而所出石经幢中有"开国男白居易造此佛顶尊胜大悲"等文，可知其晚年与佛教关系密切[5]。

宫城位于外郭城西北隅,平面呈长方形,东西长约 2100、南北宽约 1270 米。城墙中为夯筑,宽 15～16 米,内外包砖。洛城居中,南垣正门即应天门、西门即长乐门、东门即明德门、东南北屈之门即宣政门、西南北屈之门即崇庆门及西垣南门、北垣中门等均已探明。应天门北乾元门及正殿乾元殿遗址亦已探明。乾元殿系唐高宗依隋乾阳殿旧址改建,后武则天毁乾元殿而造明堂,至唐玄宗时又改建为含元殿。经发掘可知,明堂遗址为一座八角形的夯土台基,东西长约 85、南北残长72 米。台基中心有一圆形大柱坑,坑底有四块大青石构成的巨型柱础。其北的几处台基址可能分别为天堂(即佛光寺)、徽猷殿、流杯殿、弘徽殿及宣政殿等所在。洛城东侧隔城为太子所居之东宫,东西宽 340 米,南开重光门。东宫东侧隔城为左右藏,东西宽 180 米。洛城西侧隔城东西宽 340 米,南开归义门,内有九洲池遗址。已探明九洲池东西长约 205、南北宽约 130 米,池中有五座小岛,岛上有亭台建筑遗迹,为皇帝游玩之所。其西隔城东西宽 180 米,或以为夹城,或以为皇子、公主居所。而夹城当在此隔城以西,系利用周东都洛邑东垣修补而成,东西宽约 200 米。宫城北有三重隔城,东西长均约2100 米。南隔城南北宽 275 米,或以为陶光园,或以为玄武城,而陶光园当在洛城内宫殿之北。中隔城南北宽 120 米,为曜仪城。北隔城西部宽 460、东部宽 590 米,为圆壁城。

宫城南为皇城,东西长约 2100、南北宽 630 米,已探出南垣正门即端门及左、右掖门等门址。其端门北连宫城应天门、南连外郭定鼎门,与龙门伊阙相对。因建都之前隋炀帝曾登北邙观伊阙,言:"此龙门邪,自古何为不建都于此"?故宇文恺作此种规划，以符古之宫外双阙之制（应天门外东西两侧有向外凸出两堵夯墙即"左右连阙"）。如此则使宫城北依邙山，不能向北发展；皇城南临洛水，也不能向南发展。所以在宫城皇城之东又辟东城，以补皇城狭小之不足。东城南北长约1400、东西宽约620米，四面城垣已大致探得，其南垣呈西南—东北走向。后金代即因东城西垣及南垣西段向东扩展而筑洛阳城，相沿于明清。东城之北有含嘉仓城，北至外郭北垣，东西长615、西垣长725、东垣长765米，为储粮之所，已探得粮窖数百座[6]。

唐高宗时在皇城之南、洛水之北兴建有上阳宫。因高宗游临于此，有登眺之美，遂令司农卿韦弘机造此别宫。其方圆一里余，正殿为观风殿，正门为提象门，皆东向。另有仙居殿、麟趾殿及亭廊、水榭等，广植花木，宛若仙境。高宗及武则天皆曾在此听政，后中宗复位，迁武后于上阳宫，死于仙居殿。玄宗等亦常居此，德宗以后，或因洛水泛滥，上阳宫被废弃。

在皇城南垣南40米、右掖门西约250米处，发现一处园林遗址。其东部有一水池，东西残长53、南北宽3～5、池深1.5米左右。地势西高东低，入水口在西侧，用青石砌成。池底经夯打，上铺卵石。池岸用太湖石层层垒砌，高低错落、犬牙相间。池中西部有水榭遗址，岸边发现有廊房、石子路及假山遗迹。位于水池西北岸的假山以青石堆砌，底座近圆形，直径2、残高1米。园林西部发现一段南北向水渠遗迹，宽14～19米，往南通向古洛水。出土有砖、瓦、垂兽、石螭首及铜饰等建筑构件，许多陶质构件为黄、绿琉璃制品。此园林遗址无疑当在上阳宫内。由此可见，上阳宫建造华美之一斑[7]。

在宫城、皇城、东城及外郭城内唐代遗址之上普遍发现宋代遗迹，特别是东城内发现衙署庭园遗址，包括门址、水池等，其中殿楼廊榭错落有致、明暗水道交织如网、砖石道路四通八达。宫城内还发现数处大型建筑基址等，皆为宋代重建，而非沿用唐代旧址，表明宋代洛阳城仍多有兴作，维持相当程度的繁荣[8]。

（二）扬州与益州

这一时期，地方城市亦得以长足发展，而以扬州、益州等最为繁盛，时人称"扬一益二"。

（1）扬州城

扬州城位于今江苏扬州市区及北郊一带。春秋末期，吴国于北郊蜀岗兴筑邗城为其建城之始，汉代以后称广陵，隋唐以后置扬州。隋代新开通的运河与长江交汇于此，东距当时的长江入海口二百余里。交通的便利促使扬州城迅速发展，惟隋唐以前旧迹已难寻觅。

20 世纪 40 年代，日本人安藤更生曾来此考察，写出《唐宋时期扬州城研究》，并绘制《扬州遗迹参考图》[9]。50 年代以来，南京博物院等又多次对城址进行调查发掘。自 1986 年起，中国社会科学院考古研究所、南京博物院、扬州市文化局联合组成扬州城考古队，由蒋忠义等主持，再次对其做了全面勘察和发掘，使唐宋扬州城原貌得以完整揭示。

隋时因蜀岗上原广陵城旧址而筑江都宫，唐代相沿而居官署，与蜀岗下所筑罗城相对而称"牙城"或"子城"。其北垣长 2050、东垣长 1500、南垣长 1900、西垣长 1400 米。除南垣有近 4 米厚的夯土墙保存于地面以下外，其余三面城墙均残存于地面之上，高 5～10、宽约 9 米。城墙最下层为汉代夯土，其上为六朝时期修补的夯土，再上为隋唐时期修葺的夯土墙体，外包砌城砖。西南角、西北角和东北角都保存有很高的角楼基础。已探出南门和东门，与其相对应的北垣、西垣各有城墙缺口，当为北门和西门所在。南门为三个门道，门址内外两侧均凸出城墙，内侧可能有马道设置。门脸包砖，门楼建在砖土墩台上，周围有 2 米多厚的砖瓦堆积层。其在隋代当称江都门、行台门，唐代称中书门，五代称天兴门。连接城门的东西向街长 1860、宽 11 米，南北向街长约 1400、宽 10 米，相互交叉呈十字形，交叉口路面宽 22 米。南宋初年，沿用此城西垣、南垣和北垣西段，另筑北垣东段及东垣而成"堡寨城"，西垣长 1400、北垣长 1100、东垣长 1200、南垣长 1300、周长 5000 米，亦四面设门而以十字街相连。后在宝祐年间又予重修而称宝祐城。

罗城在蜀岗下，仅北垣尚保留一段高约 2 米的地面城墙遗迹，其余城墙遗迹断续残存于地面之下。城址平面呈长方形，东西长 3120、南北长 4200 米（罗城南垣至子城北垣长 6030 米）。北垣起自子城东南角，至罗城东北角长 1470 米；东垣长 4200 米；南垣长 3100 米；西垣北接子城西垣，长 4100 米，城外有护城河。西垣南段城墙夯土下压有唐代早期地层，上有宋代堆积层，可判知其修筑于唐代中晚期，废于五代末。探出城门八座，即西垣两门、南垣三门、东垣两门、北垣一门。依西垣城门之间距离为 1000 米推测，北门与南门之间还应有两座门。与此相对应，东垣亦应设四座城门。东垣北门与西垣北门为三个门道，其余为一个门道。西垣南门外围筑方形瓮城，瓮城南北长 158、东西宽 145 米。东垣中南段城门（东

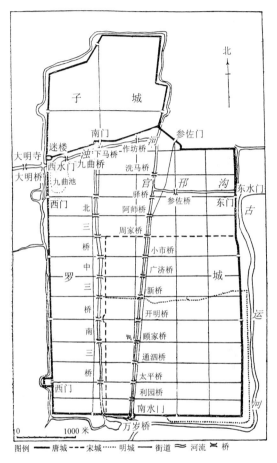

图四六 江苏扬州唐扬州城城址平面示意图

关）亦筑瓮城，沿用至宋代更演为双瓮城结构。城内探出南北向路三条、东西向路两条，均与城门相连。探出古河道四条。西部南北向河道大致在保障河一线；中部南北向河道大致在汶河路一线，即纵贯扬州城的运河，亦称官河，宋明时称市河。

北部东西向河道即蜀岗下浊河及其与官河交汇后南流东折的邗沟，中部东西向河道在小市桥（又称宵市桥）南侧一线。东垣外运河为唐代后期所开通。与河道相连的水门探出五座，西、北、东三面各一座，南垣两座（图四六）。

另在南垣西门以西 30 米处发现排水涵洞遗迹，为圆券顶长条形隧道，残长 12、宽 1.8、高 2.2 米，内置栅栏、隔板等防御设施，北与城内排水沟连接，南与护城河相通。街道与河道相交处架桥通过。

在石塔寺、文昌阁一带发现一座唐代木桥遗迹，清理出桥桩三十三根，排成六列，当为五跨木桥，长 34 米以上，宽约 7 米，中孔最大跨度达 8 米，横跨在南北流向的古河道上，桥水面跨度近 30 米。其地临汶河路，故所跨古河道当即官河。又据有关记载可推知，此桥在唐代称顾家桥，为著名的"二十四桥"之一（图四七）。晚唐诗人杜牧作《寄扬州韩绰判官》云："二十四桥明月夜，玉人何处教吹箫。"依沈括《梦溪笔

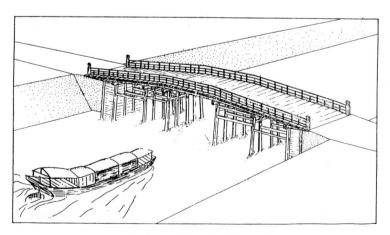

图四七　唐扬州城桥梁复原图

谈·补笔谈》所记，其"二十四桥"，当指架于浊河上的茶园桥、大明桥（二桥在西水门外）、九曲桥、下马桥、作坊桥，架于官河上的洗马桥、驿桥、阿师桥、周家桥、小市桥、广济桥、新桥、开明桥、顾家桥、通泗桥、太平桥、利园桥、万岁桥、青园桥（后二桥在南水门外），以及架于邗沟上的参佐桥、山光桥（在东水门外）等。另有三桥佚名，很可能一在官河上，一在邗沟上，一在东水门外。如此，则城外六座，城内十八座。其中跨官河的东西向桥十三座，间距 300～400 米；跨浊河及邗沟的南北向桥五座，间距 450～500 米。通于桥上的十三条东西向街和四条南北向街（九曲桥附近有九曲池遗迹，无南北向街相连）纵横交叉，将罗城内划分成六十余坊。西部南北向河道有北三桥、中三桥、南三桥，号九桥，不通船，不在二十四桥之数。

在南三桥及九曲桥一带发现有寺院遗址。在南三桥、作坊桥及小市桥附近发现作坊和居住遗址。

在小市桥附近（今文昌阁广场东南）发掘一处唐代建筑基址，分早、中、晚三期，均坐北朝南、面阔三间、进深两间，后期略有扩大。早期建筑不用台基，甚为简易，且伴出有骨料、加工后的边角料、废品及磨制骨料的砺石，显然为一普通民居兼家庭手工业作坊。中期建筑台基，房前有天井和其他建筑遗存。后期建筑又加高台基，增辟西门等。出土有越窑、宜兴窑、洪州窑、寿州窑、长沙窑、巩县窑、邢窑、定窑等所产瓷器及铜钱、金块、皮囊壶，并伴出波斯孔雀蓝釉陶器、玻璃器皿等。由此推测，其中、后期极有可能已是外来商人乃至"胡商"寄居之所。据记载，唐代在小市桥附近置"小市"，在开明桥附近置"大市"，为集中交易之所，又有"十里长街市井连"之说。由此可见，这一时期扬州商贸业之鼎盛[10]。

经唐末五代之乱，扬州城沦为废墟。后周时于故址东南隅筑城，称"周小城"；宋代沿用，称"宋大城"。经勘探可知，二者实为一城。其平面呈长方形，南垣、东垣沿用原城墙，北垣、西垣为新筑，除西北城角残高约 10 米外，四面城垣均无地面遗迹，而四周城壕依旧保存。北垣长 2100、基宽 9.5 米，西垣长 2860、基宽 11.6 米，南垣长 2200 米，东垣长 2950 米，周长 10110 米。城内南北向斜街与中部东西向街均沿用旧路，南北向市河即原官河南段，各连以城门或水门。经发掘判知，其西门自五代至明代位置未变，四个时期的西门整齐有序地叠压在一起。五代西门门道长 15、宽 5.7 米，南北两侧各有一座马面，平面呈凹形。北宋早期沿用，只是抬高西门地面。北宋晚期将两座马面向西延伸而围筑瓮城，使平面呈凸状。城门洞壁用砖垒砌，不见任何木柱痕，推知为砖构券顶式门洞，是中国古代由木构过梁式方形城门向砖构券顶式城门转变的最早实例。南宋时期对西垣、城门及瓮城增厚加固，门洞两侧又加砌 1 米厚的洞壁，宽缩至 3.7 米。为抗拒金兵南下，相继修筑"堡寨城"和夹城，而呈三城并存的格局。夹城位于"宋大城"与"堡寨城"之间，城址所在高出附近地面 1～3 米，平面呈南北狭长的长方形。东、北、西三面墙外的坡势较陡峭，夯土墙宽 5.3 米，加上内外包砖，原墙基宽当在 6 米以上。北垣长 450、东垣长 900、南垣长 380、西垣长 950 米。四周城壕依旧存在，壕沟面宽达 100 米左右。城内有南北向街与东西向街相交叉，各连以城门，北门与"堡寨城"南门遥遥相对。东垣北端发现砖砌水涵洞遗址一处。南宋朝廷降元后，扬州守将李庭芝仍率军民孤垒抵抗，可表明宋三城的防御能力。元末，扬州城又遭兵火浩劫，"城中居民仅余十八家"。朱元璋截大城西南隅而筑城，后称旧城。嘉靖年间，为防倭寇又在东部增筑外城，称新城，由此而形成明清扬州城的格局[11]。

（2）益州城

益州即成都，自战国时期张仪筑大城及少城，至隋代曾加扩筑，到唐代晚期又由西川节度使高骈主持增修罗城"周二十五里"，五代以后相沿。

20世纪80年代以来，成都市博物馆等先后在市区指挥街一带发现唐宋时期居住遗址，在明清城墙基下发现唐宋罗城门址及部分城垣遗迹。其门址位于四川成都市区西南部外南人民路135号，明清城墙下压有唐宋城墙，残高2.3米。1号门址在城墙遗址东南部，单门道，夯筑门墩外包砖，下垫卵石夯筑基础。门道宽6.6～6.7米，复原后的进深约为10米，路面中间平铺一层青砖，两侧为灰黑色硬面。门扉为木质，外包铁皮，置于门道中间，向内开启，宽6.2、厚0.12～0.14、残高0.16～0.67米。门扉两端外侧置对称的门框石，上凿长方形槽孔，用以镶嵌门框。门框石的内侧还有门砧石、门础石。门道内堆积中有许多石灰片，有的外饰有红彩痕，表明门道内曾涂石灰，并施红彩。而砖块、石灰、条石等均有烟熏痕迹，表明此门系大火烧毁后封塞废弃。门扉被大火焚毁时，门道内的包砖、夯土塌陷，在高温下形成大量的红烧土堆积，门扉的最下部分因此得以保留轮廓。其边缘为铁皮、红烧土硬面，东半部的门钉横置其中；门扉两端有圆形的枢窝痕迹，边周较光滑。结合文献记载可推知，其当为罗城南垣西部笮桥门，封塞时间为北宋早期，并在其西北部6.6米处新开一门即2号门址。2号门址亦为单门道，宽6.7～6.9、进深残长8.1～9米。

门道两侧各置一列基础石，础石靠门道的一边凿有长方形柱洞，左右对称，排列规整，可知其门为两壁立排叉柱的过梁式建筑。外侧有一列砖墙，可能是瓮城的始端。门道路面呈灰褐色，中部铺垫有砖、卵石，经长期碾压而十分坚硬，并留下车辙印迹。门址上叠压有明清城墙包砖基础等遗迹，当废止于明以前。除此而外，在羊皮坝街、新南门王家坝街等处明清城南垣，青安街、天仙桥南街、东安南街等处明清城东垣，中同仁路、上同仁路、通锦桥西城角边街等处明清城西垣，墙基下均叠压有唐宋时期城垣遗迹。宋城几乎是重叠于唐罗城之上，明清城墙位置稍有变化，只是有的地方交错移位，整个城址范围仍是"因宋元之城而筑"。其南临南河、东临府河、西临西郊河，各随河流之势而折曲延伸，城墙有一定弧度。明清城北垣临近府河，虽未经发掘，亦可大致判定是相沿于唐罗城北垣[12]。

此外，在苏州等地亦发现唐代城墙遗迹。通过对苏州旧城西南部梅家桥段古城墙解剖可知，其堆积可分九层，除一至二层为近现代堆积外，余皆系唐代堆积。唐代层出土有青瓷璧形底碗，白、绿釉陶钵，青黄釉盏等。城墙为南北走向，夯土墙体残高2米，直接叠压在生土层之上。苏州城址沿用于春秋末所筑吴城，此一段城墙当为唐代所增筑。其南有盘门，由水陆两座城门组成，均有两道城门和一道瓮城，为南宋以后所重筑。在苏州城北垣齐门发现古水门基础，结构以木排为主，置于水门下河底，共计一百余根圆木，分三层叠压。纵横圆木上的乱石层中和基础下皆是唐宋时期的陶瓷碎片，没有元代以后遗物，可判知其建于宋代[13]。今江西南昌在唐宋时期称洪州，其城垣大部分为明清南昌城所沿用。1927年至1928年间拆毁旧城墙时，曾发现大批唐宋时期城砖。对此，蔡敬襄所编《南昌城砖图志》一书中有著录。1983年冬，在市区西南隅进贤仓一带又发现唐代城墙遗迹，墙基隐埋于现地表以下4米深处，厚0.63、残高2米，横竖交错平砌二十层砖，向东西两侧延伸。城砖呈青灰色，质地坚硬，烧印有"大唐庚子岁"题记，有蟹壳青釉瓷碗等伴出，很可能为唐初筑城遗存[14]。今河北石家庄市郊振头村古为石邑城址，50年代曾在墓葬中出土唐代贴花人物瓷壶及墓志。据墓志文"恒府石邑县"可知，其在唐代曾为恒州都督府治所，宋代将石邑县并入获鹿县[15]。

（三）　西北诸城

唐代于西北地区曾先后置安西、北庭、安北、单于都护府，其治所西州、庭州及属县交河等城址均遗存至今。

（1）西州城

西州位于今新疆吐鲁番东南约50公里，即原高昌国都高昌城，唐初平高昌，以其地为西州，置安西都护府（后迁于龟兹）。唐中期以后又为高昌回鹘王都，直至元末。

19世纪末、20世纪初，先后有俄国人克列缅茨，德国人格林韦德尔、勒科克，英国人斯坦因及日本人橘瑞超等来此考察，斯坦因还测绘出高昌古城图。1928年和1930年，黄文弼等又两次对城址进行调查。

20世纪50年代以来，新疆博物馆等再经全面勘察，重新测绘出城址平面图。现已基本探明，城址为高昌回鹘时期在唐西州城的基础上改建增筑的，分外城、内城和宫城三部分。城垣用夯土筑城，平面略呈正方形，周长约5000米，西垣两角向内凹，东垣北段向外凸。城墙宽约 12、残高 11.5 米，外筑马面。发现城门五座，即西垣、东垣各两座，南垣一座。城内东南和西南部有寺院遗址。内城居中，平面呈长方形，周长约

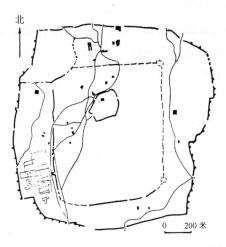

北

0   200 米

图四八　新疆吐鲁番高昌城城址平面示意图

3500 米，南垣及西垣保存较好（图四八）。正中偏北有一不规则的圆形小堡，堡内西北有高台，台上有一个高达 15 米的土坯所砌建筑物，当地人称可汗宫。在外城北垣与内城北垣之间有宫城，即以其城墙为北垣与南垣，西垣尚存残基，东垣无可寻。宫城内有数座殿基南北排列，与内城高台建筑物成一直线。勘测者认为，其宫城在北、内城在南的布局，与唐长安城相类[16]。

　　1992 年，中国社会科学院考古研究所刘建国等在对高昌城址进行遥感探查和实地踏查的基础上，以航片平面图成图法绘制成高昌古城图。其东、南、西三面外城城墙与马面、城门可以根据航片上的特定影像特征勾画出来。五座城门具有形制

不同的瓮城，沿外城北墙有不少居民建造的房屋，马面与城门无法判断，但可以确定城墙的位置。外城西南角的寺院遗迹比较清晰，能大致分辨出每个建筑基址的位置和形状。其周围建筑基址因保存情况较差而显得模糊，只能勾画出大致轮廓。这片建筑基址为庭院式结构，每个庭院外围可能是用房屋与围墙封闭起来，外有通道，形成几个相互独立的庭院。外城北部偏西的位置能分辨出几条"胡同"似的遗迹，呈东西向与南北向交叉分布，邻近两条"胡同"之间相隔 45～50 米。实地踏查发现，这些"胡同"宽约 3 米，两边是房屋墙基，而且边缘非常整齐，不见有围墙残迹。外城北部中央建筑基址的地势很高，布局独特，最高处的建筑基址很大，位置大约在古城的南北中轴线上，可能为大宫殿一类建筑。其东部遗迹保存很差，布局特征不明显。内城东垣与可汗堡东垣踪迹全无，内城北垣也仅能判断出零星的几段。由此可见，高昌古城内不同区域的建筑基址布局差异很大，可能是由于其建造时间的早晚与用途的不同而形成的[17]。

（2）交河城

交河原为高昌国之一郡，唐置西州时改交河县，后又归高昌回鹘王所属。其位于今新疆吐鲁番西约 10 公里干河床中的土崖上。古时河水自北而来，在土崖北端分流，在土崖南端汇合，故得名交河。

19 世纪末以来，凡来这一带考察者均到过交河故城。1956 年，刘观民等又对城址进行调查，探明土崖南北长约 1650、东西最宽处约 300 米，除西南部靠崖岸边有一些断续的土墙，其余部分无城墙围绕。土崖东侧和南端各有一路口，东侧路口斩崖而成，宽约 5 米。路口两旁崖壁上凿有安门额的方

孔，上城入门的道路坡度很大，城门（路口）距河床底高约
20 米，城上面对城门的路旁建有瞭望台。城上建筑集中在中
南部，范围南北长约 1000 米。城中央有一条南北长约 350、
宽约 10 米的大道，南端通向南门，中间有路通向东门，北端

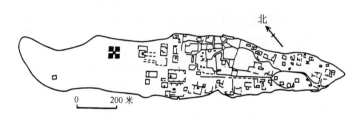

图四九　吐鲁番交河城城址平面示意图

面对全城最大的寺院（图四九）。寺院平面呈长方形，南北长约
88、东西宽约 59 米，主殿位于北部正中，中央为夯土筑成的
塔柱，塔柱的须弥座上四面开龛，内有泥塑佛像残迹。东、
西、南三面有廊庑建筑。大道两旁的建筑都建在高而厚的土墙
之内。土墙多为生土，即从地面向下挖去墙内外之土而成，多
数房屋亦用此法修筑。在低洼处则用夹板垛泥砌墙。另外，亦
有多层建筑是下层用生土墙，上层用夹板垛泥砌墙。与大道相
连的纵横街巷将建筑群分为若干区，颇似里坊。90 年代初，
联合国科教文组织保护交河故城工程启动。为配合保护维修，
新疆文物考古研究所再次对城内的寺院、民居、城门及沟北墓
地等进行了系统调查和发掘，进一步探明东城门系用"减地
法"向下挖出一半圆形的空间，直径 35 米，周壁四立，高
8～10 米，有用土坯垒砌的主门和侧门[18]。

（3）庭州城

庭州位于今新疆吉木萨尔县北约 12 公里东、西坝河之间，

为唐贞观年间所设，后又置北庭都护府。高昌回鹘时期，回鹘王每年四月至九月来北庭避暑。元代改称别失八里，先后在此设行尚书省、宣尉司、元帅府等。元末明初废弃。清代徐松来此考察，称"破城"。

1908 年，日本人大谷光瑞等经实地踏勘绘出城址示意图。1914 年，斯坦因又来调查探掘，测绘出北庭古城平面图。1928 年，西北科学考察团再次对城址进行调查发掘，由袁复礼测绘制图。50 年代以来，新疆博物馆等曾多次在此勘察。1980 年，中国社会科学院考古研究所新疆工作队孙秉根等亦经踏查和实测，绘出城址平面图。其有内外两重，平面均呈不规则长方形，夯土所筑，四角建角楼，城墙外部筑有敌台和较密集的马面，外绕护城壕。外城除东垣外大多保存较好，残高 3~5、基宽 5~8、顶宽 2~5 米，北垣长 485、东垣长 1686、南垣长 850、西垣长 1579 米，四面各设一门。北垣外中部有羊马城，平面近长方形，西垣长约 100、北垣长 170、东垣长 117，基宽 2~3，残高 1~2 米。内城位于外城中部略偏东北，北垣保存较好，呈コ形，长 818、基宽 3~4、残高约 2 米，东垣长 560、南垣长 610、西垣长 1015、周长约 3003 米，亦四面各设一门。城内残存建筑基址十二处，外城七处，内城五处。外城南门附近的 5 号基址为佛塔遗迹，用大土坯砌成，略呈多角形，径约 8、残高 5 米，周围采集到陶佛像残块和莲瓣及璎珞等。内城中部有东西向沟漕、东部有南北向沟漕；外城南部有南北向沟漕，东北和西北部各有一大水坑。结合有关文献推断，外城可能始建于唐初，内城大约建于高昌回鹘时期。1992 年，刘建国等对北庭古城进行遥感探查，在航片分析时，发现城内有纵横交错的浅色细线状影像特征。经对几处有浅色调双线并行影像地点踏查判知，其相应位置的两边为断断续续的残墙状隆起，可确定为夯土墙基，中间为当时的道路，宽约3米。由此推测，沟渠及街道两旁均有夯土墙，形成"里坊"式结构。内城东北部有一夯土墙基围成的闭合城圈，外四面环

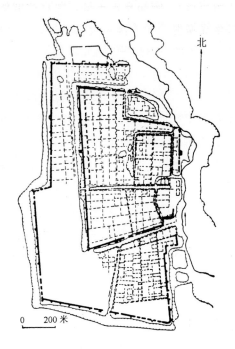

图五〇　吉木萨尔北庭古城城址航片解译绘制平面示意图

水，当为宫城所在（图五〇）。城内沟漕当为河道，与城外护城壕及河流贯通，形成一个发达的水运体系。北宋太平兴国年间，王延德出使高昌时游历北庭，曾"泛舟于池中"，可见当时城内的主要交通工具是舟船[19]。

　　北庭古城以西今焉耆县西南12公里有博格达沁古城，平

面呈长方形，周长 3000 余米，当为焉耆国都及焉耆镇所在。此外，在焉耆、和硕、和静、博湖四县境内经调查的城址还有唐王城、日喀则古城、哈拉木登旧城、曲惠古城，在库尔勒至轮台间经调查的城址有托布里奇古城、玉孜干古城、夏哈勒墩古城（克孜尔墩古城）、阔那夏尔古城、阿克墩城堡、恰克城堡、恰库木拜来克城堡、于什博罗久古城等。而经遥感探查，又有许多沉埋于地下的古城址被发现[20]。

（4）受降城

北部所设单于都护府相沿于汉成乐城址而另筑北城，上述汉代郡县已涉及。其安北都护府先后治于西受降城和中受降城等地。1976 年，在内蒙古乌拉特前旗阿拉奔乡境内清理一座唐墓。据出土墓志得知，墓主王逆修生前曾任职于天德军，死后"安茔于军南原五里"，如此，则墓北约 2 公里的古城址当即为唐代后期的天德军所在。又据《绥乘》所记，由此"西南渡河至丰州二百里（或作一百六十里），西北至横塞军城二百里，西至西受降城一百八十里，西南至新宥州一百里，东南至中受降城二百里"。在天德军城址西北近 100 公里乌拉特中后联合旗乌加河北啰喻卜隆村东古城址当即为西受降城，其平面作方形，边长约 225 米，西垣、南垣已被冲毁，仅余东垣、北垣及北门，门外加筑瓮门。其西有横塞军城，平面亦作正方形，边长约 100 米[21]。

（5）榆林城

隋唐胜州榆林城亦是由所出姜义贞墓志得以确认。墓志记其"殡在州城南一里"，则墓北内蒙古托克托县西南约 10 公里的十二连城古城址当即为胜州治所榆林县所在。1963 年，经内蒙古文物工作队李逸友、李作智调查探明，城址北临黄河，有五座城相互毗连。其 1、5 号城址东西并列，中隔一墙，共用北垣、南垣，南垣全长 1165 米。西部 1 号城址西北角被晚期的 2、3 号城址打破，东北角残存 146、高约 18 米；西垣仅存南部四小段，残高约 8、宽 22.5 米；东垣即隔墙长 1039、残高 4～6、宽约 30 米；南垣属 1 号城址部分长 857、高约 15、宽约 33 米，设有城门，外加筑瓮城。西北部有 4 号城址，平面呈长方形，惟东垣保存较好，长 165、高 1～2 米，南端连接略高出地表的土垄，下为夯土，可能是一条湮没于地下的早期城墙。东部 5 号城址东垣长 1019、高约 2、宽 22.5 米，有两座城门，均筑瓮城。南垣属 5 号城址部分长 308 米。1 号和 5 号城址合在一起，周长 4387 米，当即为胜州城故址，4 号城址为其附属子城。就筑法来看，其西垣、北垣和东垣可能修筑于早期，而南垣及中部隔墙修筑较晚，早期所修南垣是压于晚期南垣之下，还是已经湮没，则不能确定。其 2、3 号城址当为明代东胜右卫故址[22]。

（6）东胜州城

与隋唐胜州城址隔黄河相望有辽金元东胜州址，其位于托克托县西北。经李逸友调查，城址平面略呈斜长方形，南北长 2410、东西宽 1930、周长约 8600 米。城内西北部有两座小城，西称"大皇城"，东称"小皇城"。"小皇城"当修筑于金代，为东胜州的子城。而"大皇城"平面略呈长方形，北垣长 500、南垣长 470、东垣长 630、西垣（即托克托城西垣北段）长 620、残高 5～8 米。城址下叠压有丰富的唐代遗址和遗物。由西垣和北垣断面判断，其至少经过三次夯筑。早期城墙应建于唐代，结合文献记载推测，当为东受降城所在，而后为辽金元东胜州城沿用，并加以扩筑和补筑[23]。

（四）渤海、南诏大理诸城

这一时期，经唐朝册封，东北地区有粟末靺鞨人所立渤海国，西南地区先后有乌蛮蒙氏所立南诏国及白蛮段氏所立大理国等，其国都和属城亦多有发现。

1．渤海国诸城

（1）旧国城

渤海国初都"旧国"，即今吉林敦化市区东南敖东城址，南临牡丹江。

自 20 世纪 50 年代末以来，有王承礼、单庆麟等先后进行过调查。其城为土筑，分内外二城。外城平面呈长方形，东西长约 400、南北宽约 200 米，仅存西、北、南三面城墙，残高 1.5～2.5 米。南垣中部有城门，宽约 6 米，外有瓮城遗迹。内城位于中央偏西处，呈正方形，边长约 80 米，南门与外城南门相对，外有水沟环绕。城内发现有建筑遗址等[24]。

（2）城山子山城

吉林敦化西南约 22 公里有城山子山城，城垣沿山腹以土石夹筑，周长约 2000 米。北面临河，城墙较低。设东西二门。城内发现居住址和贮水池等遗迹。据文献记载，渤海始建，"据东牟山筑城以居之"，或即指此山城。如此，则应以其为初都之地，而后兴建敖东城，山城可为防守分居之用[25]。

（3）中京城

天宝中，渤海国迁都至显州，即中京显德府。经多年考究，可确定吉林和龙西古城为其所在。

20 世纪 30 年代，日本人鸟山喜一、藤田亮策曾来此考察。70 年代以来，延边博物馆等又多次进行调查发掘。城址分内外两城，外城东西长 630、南北长 730、周长 2720 米，城墙残高约 2 米。南、北城门位于中轴线上。内城位于中部偏北处，南北长 310、东西长 190 米，中轴线及其两侧分布有五座宫殿基址，出土各种瓦件等[26]。

（4）上京城

天宝末，渤海国迁都至上京龙泉府，后曾一度迁往东京龙原府，不久又迁回上京，直至辽灭渤海。其为都时间最长。上京龙泉府城址在今黑龙江省宁安西南 30 余公里处，临近镜泊湖，背靠牡丹江。因牡丹江古称忽汗河，故亦称忽汗城。清初曾有流人方拱乾、张缙彦、张贲、吴兆骞及杨宾等来此考察并记述存貌。

20 世纪初，先后有日本人白鸟库吉、鸟山喜一和俄国人包诺索夫等对城址进行调查。1933 年至 1934 年间，日本东亚考古学会原田淑人、滨田耕作等对城址进行发掘，编写出《东京城》报告。1963 年至 1964 年间，中国和朝鲜联合考古队亦在此发掘。80 年代以来，黑龙江省文物考古研究所赵善桐等又对宫城、皇城及外郭城等进行了清理，使渤海上京城原貌得以较为完整地揭示出来。

城址分为外郭城、皇城和宫城三部分。外郭城平面呈长方形，北垣中部向外折曲凸出，长 4946 米，其余三面平直，东垣长 3358.5、南垣长 4586、西垣长 3406、周长 16296.5 米。城墙土石间筑，残高 2～3、基宽 7～10、顶宽 2～3 米。城外有城壕。南垣开三门，北垣开四门，东、西垣各开二门。城内有南北向大街三条、东西向大街五条，连接南垣中门的大街宽110 米，为全城中轴线。主要大街之间有路巷纵横交错，组成井然有序的里坊。各坊有石砌围墙，大多数坊两面临街巷。在中轴线大街北部东侧发现一寺院遗址，南部东侧残存一座渤海石灯幢。皇城和宫城位于北部中央。宫城居北，平面呈长方

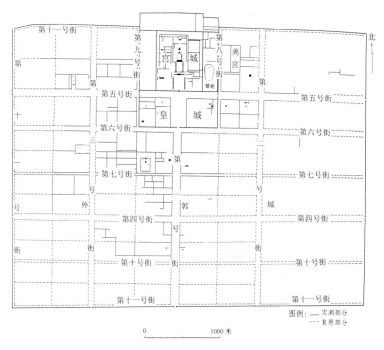

图五一　黑龙江宁安渤海上京城城址平面示意图

形，东西长 620、南北长 720、周长 2680 米（图五一）。墙垣以石垒砌，残高 3～4 米。北垣中部设一门，南垣设三门，中为正门。中央自南而北有五座宫殿基址。第 1 宫殿台基东西长 55.5、南北宽 24、高 2.7 米，四周包石，上列大型础石，面阔十一间、进深四间。两侧各有曲尺形回廊，中为殿前广场。第 2 宫殿台基东侧遗留有渤海古井。宫城西侧及北侧又各为一

个单独附属区域。其东区南北长 720、东西宽 213 米,南半部发现有水池、土山和亭阁等遗迹。皇城居南,东垣长 447、南垣长 1045、西垣长 454 米,北部有一条宽 92 米的横街与宫城相隔,连接东西二门。南垣正门北与宫城正门、南与外郭城正门相对,连接有宽 222 米的南北向通道,左右分布有官署遗址[27]。

(5) 东京城

东京龙原府城址位于吉林珲春西约 6 公里,俗称八连城或半拉城。20 世纪 30 年代,日本人鸟山喜一、藤田亮策曾来此考察。1942 年,日本人斋藤甚兵卫又对城址进行发掘,编写出《半拉城》报告。80 年代以来,延边博物馆等经多次勘察,进一步探明了城址原貌及保存情况。其外郭城四面城墙多已不存,内城及宫城保存较好,均为土筑,城墙宽约 6、残高 1 米余。内城北垣长 712、东垣长 746、南垣长 701、西垣长 735 米,四面各开一门,外有护城河。宫城位于中部偏北,东西长 218、南北长 318 米,内有宫殿基址。宫城南垣至内城南垣之间以墙隔为东西两区,其东西两侧又各隔为两区。宫城北垣与内城北垣之间为一区。如此,共有八座城相连,故称八连城。城南发现有寺院遗址,当原建于外郭城内[28]。

(6) 大城子古城

黑龙江省东宁东约 5 公里绥芬河南侧有大城子古城。1972 年,经黑龙江省博物馆张太湘等勘察,城址平面呈长方形,北垣中段外凸。北垣长 1365、东垣长 460、南垣长 1290、西垣长 460 米,城墙残高 2~5 米。城角有角楼遗迹,西垣北段有瓮城遗址。城外有护城河。城内中部偏北遗留有土台。结合有关记载推测,其当为率宾府故址[29]。

（7）南城子古城

黑龙江省牡丹江市东北约 20 公里有南城子古城。

20 世纪 70 年代，经陶刚等调查，探明城址平面略呈方形，东西长 450、南北长 580、周长 2060 米。城墙大部分为夯土，小部分土石混筑。城外有城壕，城内有土台遗迹。与城址相对的牡丹江左岸发现一道就地取土采石修筑的边墙，长约百里。调查者推断，城址为勃州所在[30]。

（8）兴农古城

黑龙江省海林市三道河兴农村有一古城。

1994 年至 1995 年间，经黑龙江省文物考古研究所等调查发掘得知，其平面呈不规则方形，北垣长 140、东垣长 176、南垣长 181、西垣长 145 米，南垣中间辟一城门。城墙为夯土筑成，残高 0.5～1.25、宽约 3.8 米。据出土遗物等推断，其属渤海城址[31]。

此外，经调查或发掘的渤海古城址还有桦甸苏密城（长岭府治）、敦化石湖古城、黑石古城、通沟山城、马圈子古城等，在俄罗斯滨海地区和朝鲜境内亦发现渤海古城址[32]。

2. 南诏大理诸城

（1）峳屿图山城

唐初在西南地区原存"六诏"，其中蒙舍诏即南诏居最南面，位于今云南巍山县境。

1959 年，云南省博物馆曾对巍山县西北约 17 公里的峳屿图山城进行试掘，得知城址东西长 35、南北宽 17 米，发现南诏有字瓦、瓦当、滴水、鸱吻、花砖、柱础等。1991 年至 1993 年间，又在此对过厅式建筑及佛塔塔基进行发掘，出土有字瓦、花砖及红砂石石雕佛像等。或以其为南诏的发祥地和早期王都所在，或以其为六诏并存时期蒙嶲诏之邑，而蒙舍诏当在蒙嶲诏之南[33]。

巍山县庙街乡古城村东有一古城。据张楠实地踏勘，城址呈正方形，边长90米。城墙用土夯筑，东南面保存较好，残高3米。北部残存一方形土台，高约2米，面积约400平方米，与南垣城门遥相对应。其位于峣岍图山城之南，很可能为蒙舍诏之城[34]。

（2）太和城

开元年间，蒙舍诏兼并五诏，建南诏国，以太和城为都，至大历末，前后凡四十余年。

其城址位于今云南大理东南约7.5公里太和村西点苍山坡上。蛮语"和"之意为山坡，"太和"即因城建于山坡上而得名。20世纪60年代以来，云南省博物馆等曾多次派人来此考察。其西倚点苍山、东临洱海，今存南北两道城墙，二者相距约1200米，南垣长3350、北垣长3325米。城墙为夯土筑成，北垣西部保存较好，残高约3、宽约2米。西北部与北垣西段相连有一小城，作不规则圆形，周长约1000米，城内有土台遗迹。小城之东今存阁罗凤所立"南诏德化碑"[35]。

（3）阳苴咩城

大历末年，南诏迁都阳苴咩城。唐末，郑氏灭南诏，建大长和国；五代时，又相继有赵氏建大天兴国、杨氏建大义宁国及段氏建大理国，均以此为都。至南宋末，元灭大理，设大理路军民总管府。城址在今云南大理市区及郊区，于梅溪南岸尚存城垣遗迹，西起点苍山中和峰麓，东至大理旧城（明初营筑）西北角。城墙断断续续以石块及土垒成，长约1000、残高4～5米、基宽6～8、顶宽1米。在旧城西二里三月街广场今存"元世祖平云南碑"。1939年，中央研究院历史语言研究所吴金鼎等曾对旧大理城南的五华楼故址及弘圣寺遗址等加以考察。1964年，云南省博物馆又对残存城垣遗迹及旧城西北崇圣寺遗址（今存三塔）等进行调查，并在旧大理城北五里桥附近发现一东西向的城墙遗迹[36]。

（4）拓东城

南诏时期曾破西爨，筑拓东城。据李家瑞考察，拓东城应在今云南昆明城南，地跨盘龙江两岸，北至今长春路附近，南至今碧路附近。这一带今存东寺塔、西寺塔及经幢等，均为南诏大理时期遗存[37]。

（5）西山坝城址

今腾冲县西约2公里西山坝缓坡上存一城址，经云南省文物考古研究所等于1994年至1996年间三次勘察，探明其小城平面近正方形，周长860米，面积4.6万平方米。外套一大城，面积25万余平方米。城墙为夯土所筑，残高近3米。城中有道路，最宽者20米，路面铺火山石。城内外发现建筑遗址十处。其当为南诏、大理国边陲重镇[38]。

此外，经考古调查的南诏大理时期城址还有大理市境内的大厘城、龙口城、龙尾城、二阳城，洱源县境的德源城、三营古城，弥渡县境的白崖城等[39]。

综上述可知，这一时期从国都到府州县城多实行里坊制，规划整齐。隋都大兴城规模宏伟，虽有鉴于北魏洛阳城扩建外郭城所成之制，但也体现出统治者一统天下的勃勃雄心。唐都长安城予以全盘继承，而又加筑大明宫等，同样是表明了这一点。唐代长安城繁盛空前，充分显示了其作为大国盛世之都的泱泱风貌。就规划设计而言，比照《周礼》所记"面朝后市"，虽有所变通，然以宫城居中及确立南北向中轴线等，应该说从总体上仍是遵循于传统礼制。其布局方法为渤海乃至日本国都所仿效，足见影响之大。

注　释

［1］陕西省文物管理委员会《唐长安城地基初步探测》，《考古学报》1958 年第 3 期；中国科学院考古研究所西安唐城发掘队《唐长安城西市遗址发掘》，《考古》1961 年第 5 期；《唐代长安考古记略》，《考古》1963 年第 11 期；中国科学院考古研究所西安工作队《唐代长安城明德门遗址发掘简报》，《考古》1974 年第 1 期；宿白《隋唐长安城与洛阳城》，《考古》1978 年第 6 期；马得志《唐代长安与洛阳》，《考古》1982 年第 6 期；《唐长安城发掘新收获》，《考古》1987 年第 4 期；中国社会科学院考古研究所西安唐城工作队《唐长安城安定坊发掘记》，《考古》1989 年第 4 期；《唐长安青龙寺遗址》，《考古学报》1989 年第 2 期；《唐长安西明寺发掘简报》，《考古》1990 年第 1 期。

［2］中国科学院考古研究所西安唐城发掘队《唐代长安城考古记略》，《考古》1963 年第 11 期；中国社会科学院考古研究所西安唐城工作队《唐长安皇城含光门遗址发掘简报》，《考古》1987 年第 5 期。

［3］中国科学院考古研究所《唐长安大明宫》，科学出版社 1959 年版；马得志《1959～1960 年唐大明宫发掘简报》，《考古》1961 年第 7 期；《唐长安城发掘新收获》，《考古》1987 年第 4 期；中国社会科学院考古研究所西安唐城工作队《陕西唐大明宫含耀门遗址发掘记》，《考古》1988 年第 11 期；《唐大明宫含元殿遗址 1995～1996 年发掘报告》，《考古学报》1997 年第 3 期。

［4］陕西省文物管理委员会《唐长安城地基初步探测》，《考古学报》1958 年第 3 期；马得志《唐长安兴庆宫发掘记》，《考古》1959 年第 10 期；《唐代长安与洛阳》，《考古》1982 年第 6 期。

［5］阎文儒《洛阳汉魏隋唐城址勘查记》，《考古学报》1955 年，第 9 期；中国科学院考古研究所洛阳发掘队《隋唐东都城址的勘查和发掘》，《考古》1961 年第 3 期；中国社会科学院考古研究所洛阳工作队《"隋唐东都城址的勘查和发掘"续记》，《考古》1978 年第 6 期；中国社会科学院考古研究所洛阳

唐城队《洛阳唐东都履道坊白居易故居发掘简报》，《考古》1994 年第 8 期；
《隋唐洛阳城永通门遗址发掘简报》，《考古》1997 年第 12 期。

[6] 中国科学院考古研究所洛阳发掘队《隋唐东都城址的勘查和发掘》，《考古》
1961 年第 3 期；中国社会科学院考古研究所洛阳工作队《"隋唐东都城址的
勘查和发掘"续记》，《考古》1978 年第 6 期；河南省博物馆、洛阳博物馆
《洛阳隋唐含嘉仓的发掘》，《文物》1972 年第 3 期；洛阳市博物馆《洛阳发
现隋唐城夹城墙》，《考古》1983 年第 11 期；中国社会科学院考古研究所洛
阳唐城队《唐东都武则天明堂遗址发掘简报》，《考古》1988 年第 3 期；《洛
阳隋唐东都城 1982～1986 年考古工作纪要》，《考古》1989 年第 3 期；
《1987 年隋唐东都城发掘简报》，《考古》1989 年第 5 期；《唐东都乾元门遗
址发掘简报》，《考古》1994 年第 1 期；《河南洛阳唐宫路北唐宋遗迹发掘简
报》，《考古》1999 年第 12 期；王岩《隋唐洛阳城的近年考古新收获》，《中
国考古学论丛》，科学出版社 1993 年版；杨焕新《略谈隋唐东都宫城皇城和
东城的几个问题》，《汉唐与边疆考古研究》（一），科学出版社 1994 年版；
《试谈唐东都洛阳宫的几座主要殿址》，《汉唐与边疆考古研究》（一），科学
出版社 1994 年版。

[7] 中国社会科学院考古研究所洛阳唐城队《洛阳唐东部上阳宫园林遗址发掘简
报》，《考古》1998 年第 2 期；姜波《唐东都上阳宫考》，《考古》1998 年第
2 期。

[8] 洛阳市文物工作队《洛阳发现宋代门址》，《文物》1992 年第 3 期；包强
《隋唐洛阳东城内宋代衙署庭园遗址》，《中国考古学年鉴·1992 年》，文物出
版社 1993 年版；中国社会科学院考古研究所洛阳唐城队《河南洛阳市唐宫
中路宋代大型殿址的发掘》，《考古》1999 年第 3 期；《河南洛阳唐宫路北唐
宋遗迹发掘简报》，《考古》1999 年第 12 期。

[9] 安藤更生《鑑真大和上伝之研究》外篇《唐宋時代に於ける揚州城の研究》，
平凡社 1960 年版。

[10] 南京博物院、扬州博物馆、扬州师范学院发掘工作组《扬州唐城遗址 1975
年考古工作简报》，《文物》1977 年第 9 期；南京博物院《扬州古城 1978 年
调查发掘简报》，《文物》1979 年第 9 期；南京博物院《扬州唐城手工业作
坊遗址第二、三次发掘简报》，《文物》1980 年第 3 期；《扬州唐代寺庙遗址
的发现和发掘》，《文物》1980 年第 3 期；扬州博物馆《扬州唐代木桥遗址
清理简报》，《文物》1980 年第 3 期；《扬州三元路工地考古调查》，《文物》
1985 年第 10 期；中国社会科学院考古研究所、南京博物院、扬州市文化局

扬州城考古队《扬州城考古工作简报》，《考古》1990 年第 1 期；《江苏扬州市文化宫唐代建筑基址发掘简报》，《考古》1994 年第 5 期；扬州博物馆《扬州教育学院内发现唐代遗迹和遗物》，《考古》1990 年第 4 期；《扬州唐城排水涵洞》，《中国考古学年鉴·1995 年》，文物出版社 1996 年版；蒋忠义《隋唐宋明扬州城的复原与研究》，《中国考古学论丛》，科学出版社 1993 年版；《唐代扬州河道与二十四桥考》，《汉唐与边疆考古研究》（一），科学出版社 1994 年版；王勤金《唐代扬州二十四桥桥址考古勘探调查与研究》，《南方文物》1995 年第 3 期；李则斌《我国首例双瓮城在扬州发现》，《中国文物报》2000 年 4 月 30 日；《古扬州城东门重现于世》，《中国文物报》2001 年 4 月 11 日。

[11] 中国社会科学院考古研究所、南京博物院、扬州市文化局扬州城考古队《江苏扬州宋三城的勘探与试掘》，《考古》1990 年第 7 期；《扬州宋大城西门发掘报告》，《考古学报》1999 年第 4 期。

[12] 成都市博物馆、四川大学博物馆《成都指挥街唐宋遗址发掘报告》，《南方民族考古》第 2 辑，1990 年；成都市博物馆考古队《成都罗城 1、2 号门址发掘简报》，《南方民族考古》第 3 辑，1990 年；《成都市唐代罗城城垣》，《中国考古学年鉴·1995 年》，文物出版社 1996 年版；雷玉华《唐宋明清时期的成都城垣考》，《四川文物》1998 年第 1 期。

[13] 张照《苏州市梅家桥古城墙遗址》，《中国考古学年鉴·1992 年》，文物出版社 1993 年版；苏州博物馆考古组《苏州发现齐门古水门基础》，《文物》1983 年第 5 期；王德庆《苏州盘门》，《文物》1986 年第 1 期。

[14] 彭适凡《再论古代南昌城的变迁与发展》，《南方文物》1995 年第 4 期。

[15] 石家庄市文物保管所《石家庄市振头村发现唐代贴花人物瓷壶》，《考古》1984 年第 3 期。

[16] 黄文弼《吐鲁番考察经过》，《黄文弼历史考古论集》，文物出版社 1989 年版；李遇春《新疆吐鲁番、吉木萨尔勘查记》，《文物参考资料》1958 年第 11 期；阎文儒《吐鲁番的高昌故城》，《文物》1962 年第 7、8 期。

[17] 刘建国《新疆高昌、北庭古城的遥感探查》，《考古》1995 年第 8 期。

[18] 刘观民《交河故城调查记》，《考古》1959 年第 5 期；新疆文物事业管理局、新疆文物考古研究所《新疆维吾尔自治区文物考古五十年》，《新中国考古五十年》，文物出版社 1999 年版。

[19] 中国社会科学院考古研究所新疆工作队《新疆吉木萨尔北庭古城调查》，《考古》1982 年第 2 期；刘建国《新疆高昌、北庭古城的遥感探查》，《考古》

1995 年第 8 期。

[20] 黄文弼《塔里木盆地考古记》；韩翔《焉耆国都、焉耆都督府治所与焉耆镇城——博格达沁古城调查》，《文物》1982 年第 4 期；中国社会科学院考古研究所考古科技实验研究中心、汉唐考古研究室《新疆库尔勒至轮台间古代城址的遥感探查》，《考古》1997 年第 7 期。

[21] 内蒙古文物工作队、内蒙古博物馆《内蒙古自治区文物考古工作的重大成果》，《文物》1977 年第 5 期。

[22] 李作智《隋唐胜州榆林城的发现》，《文物》1976 年第 2 期。

[23] 李逸友《内蒙古托克托城的考古发现》，《文物资料丛刊》第 4 辑，1981 年。

[24] 单庆麟《渤海旧京城址调查》，《文物》1960 年第 6 期；王承礼《吉林敦化牡丹江上游渤海遗址调查记》，《考古》1962 年第 11 期。

[25] 刘忠义《东牟山在哪里》，《学习与探索》1982 年第 4 期。

[26] 延边博物馆《延边文物简编》，延边人民出版社 1988 年版。

[27] 中国社会科学院考古研究所《新中国的考古发现和研究》第六章，第 622~625 页，《渤海上京龙泉府遗址的调查与发掘》，文物出版社 1984 年版；黑龙江省文物考古工作队《渤海上京宫城第一宫殿东、西廊庑遗址发掘清理简报》，《文物》1985 年第 11 期；黑龙江省文物考古工作队《渤海上京宫城第 2、3、4 号门址发掘简报》，《文物》1985 年第 11 期；中国社会科学院考古研究所《六顶山与渤海镇》，中国大百科全书出版社 1997 年版；黑龙江省文物考古研究所、牡丹江市文物管理站《渤海国上京龙泉府遗址 1997 年考古发掘收获》，《北方文物》1999 年第 4 期。

[28] 同 [26]。

[29] 张太湘《大城子古城调查记》，《文物资料丛刊》第 4 辑，1981 年。

[30] 陶刚《牡丹江市郊南城子调查记》，《黑龙江文博学会成立纪念文集》，1980 年。

[31] 赵永军《海林市兴农渤海时期古城》，《中国考古学年鉴·1995 年》，文物出版社 1997 年版。

[32] 魏存成《渤海城址的发现与分期》，《东北考古与历史》第 1 辑，1982 年；张博泉、魏存成主编《东北古代民族、考古与疆域》第二编"考古"，吉林大学出版社 1998 年版。

[33] 云南省博物馆《云南巍山垅圩图山南诏遗址的发掘》，《考古》1959 年第 3 期；黄德荣《巍山南诏遗址》，《中国考古学年鉴·1993 年》，文物出版社 1995 年版；李昆声《南诏大理城址考》，《云南考古学论集》，云南人民出版社 1998 年版。

［34］李昆声《南诏大理城址考》，《云南考古学论集》，云南人民出版社1998年版。

［35］林声《南诏几个城址的考察》，《学术研究》（云南）1962年第11期；汪宁生《云南考古》，云南人民出版社1992年版。

［36］吴金鼎、曾绍燏、王介忱《云南沧洱境考古报告》，四川李庄，1942年；汪宁生《云南考古》，云南人民出版社1992年版；张增祺《云南建筑史》第六、七章，云南美术出版社1999年版。

［37］李家瑞《南诏拓东城的地点究竟在哪里》，《学术研究》（云南）1962年第5期。

［38］何金龙《腾冲西山坝南诏至大理国时期城址》，《中国考古学年鉴·1997年》，文物出版社1999年版。

［39］云南省文物考古研究所《云南省文物考古五十年》，《新中国考古五十年》，文物出版社1999年版。

七

宋辽金元城址

宋辽金元时期，先有北宋与辽南北对峙，后有南宋与金南北对峙，西部则有西夏、古格等国，最后统一于元。其城址的分布范围更为广大。对这一时期城址的考察亦可追溯至20世纪初，迄今经考古调查或发掘者已达数百座。

（一）宋代诸城

（1）巨鹿城

宋大观年间（公元1107～1110年），黄河决口，大水淹没巨鹿城。

1921年，北平（今北京）历史博物馆对巨鹿故城（今河北巨鹿县南）进行发掘。城址中出土木梁、木门扇、木桌椅及铜镜、铜钱、瓷器等，有《巨鹿宋代故城发掘记略》发表于《历史博物馆丛刊》第1卷第1期。此为20世纪中国学者发掘古城址之始。而后，较为重要者，有对宋都开封、临安及地方上赣州等城址的调查与发掘。

（2）开封城

北宋建都开封，相沿于唐代汴州城。五代后梁始以此为都，升为开封府，改名东京，后晋、后汉、后周相继建都于此。后周时新筑外城，北宋时又加改筑及扩筑，明清时内缩。因黄河泛滥，宋代遗迹绝大部分深埋于地下。1978年，开封市博物馆丘刚等开始对北宋东京外城进行调查，自 1981 年起，又与河南省文物研究所联合组成开封宋城考古队，对城址进行全面勘探和重点发掘，基本上搞清了其外城、内城、宫城及汴河故道等遗存。

外城宋代称新城或罗城，四面城墙距明清开封城墙 1300～2000 米，平面呈长方形，北垣长 6940、东垣长约 7660、南垣长约 6990、西垣长约 7590 米，墙基宽 10～20 米。西垣南段经解剖探明，由内向外分为三层，当分别为后周时修筑及北宋时补筑。发现瓮门五处、缺口五处。南垣中部瓮门当为南薰门，西部两缺口当分别为广利门（蔡河上水门）和安上门（俗名戴楼门）。西垣两瓮门当分别为顺天门（俗名新郑门）和通远门（俗名万胜门），三缺口当分别为汴河上水门、金耀门（俗名固子门）和咸丰门（金水河水门）。东垣中部瓮门当为含辉门（俗名新曹门），南门瓮门有可能是汴河下水门附近的拐子城。

流经城南部的汴河故道及架于河上的州桥、横桥、西水门便桥、太师府桥、相国寺桥、上土桥、东水门便桥、顺城仓桥，蔡河故道及架于河上的龙津桥等亦大致探明，并且探出西垣外皇家园林金明池遗迹。金明池位于汴河之南，平面呈近方形，东西长约 1240、南北宽 1230、周长 4940 米。池之南岸有临水殿遗址[1]。

内城或称里城、旧城，沿用唐汴州城。其东垣、西垣大部分叠压在明清城东垣、西垣之下；南垣位于今大南门 300 米左右，已探明的地段长约 2100、残高 0.6～1.8、残宽 3～10 米；北垣位于龙亭大殿北 500 米左右，已探明的地段长约 1400 米，部分地段与金皇宫北垣、明周王府萧墙北垣相叠压，残高 0.5～1.2、残宽不足 5 米。平面略呈正方形，四面墙垣如均依直线计，周长约 11550 米，与文献所记"二十里一百五十五步"大致吻合。南垣正门即朱雀门及汴河故道所流经的西垣西角门子已得到确认。朱雀门北对州桥。经发掘得知，其为南北向砖石结构的拱形桥，南北长 17、东西宽 30 米，桥面用青石板铺墁。州桥始建于唐代，为汴州桥简称，五代时称汴桥，宋代视汴河为天河，改称天汉桥，又名御桥。其所连御街即今中山路

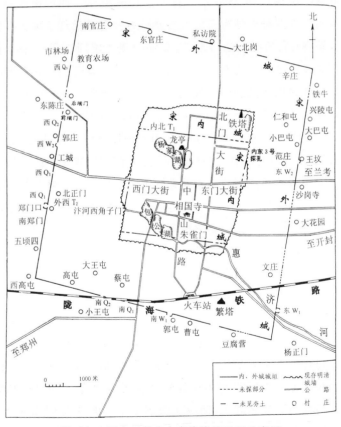

图五二　河南开封宋东京城城址平面示意图

南过朱雀门至外城南薰门，北接皇城正门即宣德门，为纵贯南北的中轴线（图五二）。在今新街口一带探出明萧墙正南午门遗址，其下宋代地面上又发现一早期门址，当即为宣德门所在。据记载，皇城周长"九里十三步"，是否与明萧墙重合，尚不能确知。宣德门址以北约400米今龙亭公园大门前石狮子处探出明周王府正南门即端礼门遗址，其下为宋代门址，当为宫城正门所在。

宫城南垣长约570、东垣长约690、北垣长约570、西垣长约690、周长约2520米，与文献记载"周回五里"基本相合。城墙残宽8～12米，发现有宋代构筑的青砖层。北垣与南门相对处和东垣南部亦发现城门遗迹。宫城中央发现朝宫大庆殿遗址。其台基呈凸字形，东西宽约80、南北最大进深约60、残高约6米，四壁用青砖包砌，四周环以宽约10、长近1000米的包砖夯土廊庑。宫城因于唐宣武军节度使衙署，故规模较小。宋徽宗时又在宫城之北建造延福宫。后金兵攻破开封，并迁都于此，沿旧宫址重建，史称金故宫。明代周王府又沿金故宫址重建，称紫禁城。清以后其地形成潘、杨二湖[2]。

（3）临安城

南宋时期以杭州为行在所，改称临安。隋唐时期于今江苏杭州凤凰山麓江干一带置杭州，五代时为吴越国都，将外城扩筑成南北修长、东西狭窄的腰鼓状，周七十里，并以衙署旧址改建王宫。南宋时略增筑东南外城，沿用吴越王宫旧址建造皇城，周回九里。其皇城位于外城南部。1983年以来，经中国社会科学院考古研究所和浙江省文物考古研究所等钻探和发掘，相继确认其北垣、东垣及西垣所在，北垣自万松岭路南侧的山坡向东到馒头山的东北角，东垣沿馒头山东麓往南到今杭州铁路装卸机修厂内。在北垣西端拐折与凤凰山相接处发现一段夯土城墙墙基，宽 9.6 米，墙基外有包砖，再往南寻找，未见西垣延伸遗迹，使文献所记其西面以凤凰山为屏障得到证实。在凤凰山西侧发现一处宫殿遗址，出土南宋官窑瓷碗底残片，外底中心刻印"内苑"字样。在皇城以北六部桥附近发现一处三开间的地面铺砖建筑遗址及砖砌的排水设施，当属中央官署遗迹。在望仙桥至新宫桥之间发现一条南北向的砖砌道路，砖路有长条砖横侧竖砌，宽 2 米余，路面略呈弧形，两侧有水沟，当属德寿宫内遗存。1995 年，杭州市文物考古所在市区中山南路一带发现太庙遗址，清理出 90 余米长的东围墙、东门、太庙夯土台基及由门通往台基的砖砌道路等遗迹。东围墙厚 1.7、残高 1.4~1.5 米，以平砌条石为基础，上以长方形砌成，中段底部有砖砌排水沟[3]。

(4) 赣州城

赣州古城在今江西赣州市区。隋唐时期始于章、贡二水交汇处筑城，为虔州治所，南宋时改称赣州。

1984 年和 1990 年，赣州市博物馆李海根等曾先后两次对城垣遗迹等进行调查。其平面略呈三角形，周长 7300 余米，20 世纪 50 年代扩城修筑时将由东门经南门至西门的一段约 3650 米城墙拆除，今尚存城外护城河遗迹。现存城墙主要为西北部和东北部西津门至东河大桥段，长 3664 米，全部濒临章江、贡江。城墙高 5~7 米，西北一带高达 11 米，外砌砖石，内包夯土。城墙上存有大量铭文砖，以宋代铭文砖数量和种类居多，已知四十六种。原有城门十三座，现存西门、北门、建春门、涌金门等四座，除北门基本保存原貌外，其他三门已经过改建。城内西北部为子城所在，今存一处三角形台地，南北长 100、东西最宽处 40 余米，南端有南宋嘉定年间知军留元刚改建的军门楼遗迹。城内主要街道仍基本保持原有格局，最初以北部横街一带为起点，唐代有横街与阳街相交成丁字形，后又扩城而形成阴街、斜街、长街、剑街，构成全城六条主要交通干道，相沿至今，惟街名已改。城南有拜将台遗址，为一座方形砖砌马面式建筑，长 40、宽 35、高 9 米。台左侧保存相连接的一段宋代城墙，长 52 米。另在其以东养济院一带发现一段长 41 米的城墙遗迹，宽 8.8、残高 5.6 米。夯土外有两道砖墙，外为宋代所砌，内当属唐代遗存。由此推断，唐代城垣已扩展至此一带[4]。

（5）罗州城

今湖北蕲春县西北蕲水南岸有罗州故城址。20 世纪 50 年代以来，曾多次对其进行调查。1993 年至 1994 年间，经黄冈市博物馆等再次调查和发掘得知，其由内外两重城垣相套组成，外城平面呈不规则圆角长方形，西北部被蕲水切去一角，东、南及北部东段保存尚好，东垣长 1420、宽 5～38、残高 1～3.5 米，南垣长 780、宽 19～47、残高 3～4.5 米，西垣残长 400、宽 19～36、残高 2.5～4 米，北垣残长 430、宽 21～35、残高 2～3.5 米。西垣外残存护城河遗迹。城内东南部发现大量方形铺地砖和陶质下水管道等。据城墙内包含遗物等推断，其当始筑于隋唐时期，重筑于宋代，城内采集到“嘉定五年”铭文城砖表明在南宋时又经修整。内城位于中部偏西北，平面略呈长方形，东垣长 265、南垣长 450、西垣长 349、北垣长 314 米，西垣、北垣及南垣外有护城河遗迹。四面中部各有一座城门，北门保存较好，南门两侧及地下均为宋代夯土。城内文化堆积以汉代及宋代遗物多见，西北隅又分隔有小城，称王城；西南角发现一口宋代水井。其当为汉代蕲春县城所在，后至宋代又重加利用[5]。

（6）银州城

今陕西横山党岔乡无定河西岸存一古城址。1975年至1977年间，经戴应新实地考察得知，其西倚峁山，平面呈螺号形，北垣长426、东垣长326.5米，外面加筑马面四座，长、宽各4米。西垣和南垣结合部为弧形，转角不明显，通长830.8米。周长1583.3米。西面和北面各残留瓮城基址一处。城内西北角有一个很大的瓦砾堆。结合城址之南唐代李公政墓所出墓志记其葬于"（银）州南峁山之左"推断，此城当为唐宋银州所在。城内偏东部有一道南北向隔墙，可能是宋代在城东南已为河水所吞的情况下所加筑[6]。

（7）瓦亭城址

在今宁夏固原南40公里瓦亭峡北有瓦亭城址。经宁夏文物考古研究所等于1991年至1992年间调查，其平面呈扭曲半圆形，北垣蜿蜒于山脊，北垣长920、东垣长550、南垣长120、西垣长550、周长2140米。城墙残高1～7、底宽3～13、顶宽1～2米，四城角筑有角台，东垣、北垣中部各筑有一向外凸出墙体的腰墩。城内采集有大量宋代青瓷残片，多为耀州窑产品。城内南部有明清故城，周长1500米，保存较完整。

此外，在固原清水河谷地尚有马园、卧羊山、头营、二营、胡大堡、李旺、草场、沙嘴等二十多座古城址，多为宋城[7]。

（二）辽金诸城

辽金兴起于北方，在其早期活动区域，都城及属城多为新筑，而在南下扩展区，则多沿用旧城。迄今已发现辽金城址数百座[8]。

1. 辽代诸城

（1）上京城

辽都上京初称皇都，后更名上京，并置临潢府。城址位于今内蒙古巴林左旗林东镇南。1920 年，法国人闵宣化（牟里）曾来此考察。1962 年，内蒙古自治区文物工作队李逸友等又对城址进行勘察，探明其分为南北两城，总周长 9324.9 米。北为皇城，平面呈不规则六边形，南垣大部分被沙力河冲毁，

图五三　内蒙古巴林左旗辽上京城城址平面示意图

北、东、西三面城墙保存较好,周长 6398.63 米。城墙残高 6～
9、基宽 15 米,外侧加筑马面,转角设角楼。城外有城壕遗
迹。北门、东门及西门门址犹存,均为一门道,宽 5.5 米,设
瓮城。连接四面城门的街道宽 10～14 米,有些路面是用碎石
铺成。大内即宫城,位于皇城中部偏东北,北垣和西垣北段保
存尚好。中部有一条长约 280、宽 2 米的东西向隔墙,墙北有
东西向大道,将大内分为南北两院。宫殿基址均分布在西部,
南院的宣政殿和昭德殿为东向建筑,北院的开皇殿、安德殿、
五鸾殿为南向建筑。南为汉城,以居汉人,平面略呈方形,倚
皇城南垣修建,东垣长 1290、南垣长 1610、西垣长 1220、周
长 6129.73 米(图五三)。城墙残高 2～4、宽 12 米,无马面、
角楼设置。这反映出其统治者虽已接受汉制,但仍保留有较浓
厚的契丹人特色[9]。

(2)中京城

辽中京大定府位于内蒙古宁城大明城,东南临老哈河。
1920 年,法国人闵宣化亦曾来此考察。1959 年至 1960 年间,
经内蒙古自治区文物工作队李逸友等调查和发掘,探明其平面
呈长方形,东西长 4200、南北长 3500 米。四角有角楼。城内
与南垣正门即朱夏门相连的南北向大街宽 64 米,两侧各有宽
4～15 米的南北向街三条、东西向街五条,纵横交错组成坊
区。北部发现有寺庙、驿馆及官署遗址。中央偏北有内城,东
西长 2000、南北长 1500 米。南垣中门即阳德门南与朱夏门所
连大街相接,北与宫城正门即闾阖门所连的宽约 40 米的南北
向大街衔接,构成全城的中轴线。宫城位于内城北部正中,平
面呈正方形,每面长 1000 米。北垣与内城北垣合一,另有东、
南、西三垣。东垣及西垣南端存角楼遗迹。宫城内中央及两侧

有大型宫殿遗址。其布局规整，以南向为正，仿北宋开封及幽州（即辽之南京）之制，与上京相比，更为汉化。后为金大定府、元大宁路及明大宁卫所沿用。在外城内东部内城南垣之南有一座密檐式砖塔，为八角十三层。经探测查明，其总高超过81米，为现存辽塔中最为高大者[10]。

（3）永州城

内蒙古翁牛特旗东部白音他拉东南约10公里有一古城址。1979年，经姜念思等调查得知，城址地面为一层厚沙土覆盖，城垣保存基本完整。其平面略呈方形，南北长525、东西宽545米。城墙皆坍塌成土垄状，存高约2、底宽约10米，马面及角台依稀可辨。北、东、西三面中部各辟一门，南垣有一大土堆，城门情况不明。

就采集遗物和有关记载推断，其当为辽之永州城，位于古潢河（今西喇木伦河）与土河（今老哈河）交汇处，临近木叶山（契丹人之圣山），是契丹人之发祥地[11]。

（4）灵安州

内蒙古库伦旗西南54公里有黑城子古城。1988年，经贲鹤龄调查得知，古城建于群山环抱的盆地之中，平面略呈方形，北垣长540、东垣长650、南垣长600、西垣长700米。城墙残高5～10、基宽20、顶宽3～6米，外筑马面。北、东、南三面各辟一门，均设瓮城。城内连接南门和北门的直街，与连接东门的横街相交成十字形，东门横街两侧有排列较为整齐的建筑基址。靠西垣正中有一高台建筑基址，南北长60、东西宽30、高出地面2米，上面散布有绿釉瓦、沟滴、鸱吻、青砖、灰色布纹瓦等建筑构件。其面向朝东，当为寺庙遗址。城外西南部亦有寺庙遗址。据所出官印印文"灵安州刺史印"

推断，其当为辽之灵安州城。灵安州于史失载，可由此填补空白[12]。

(5) 饶州城

内蒙古林西县西南有西樱桃沟古城。1979 年，经冯永谦等调查得知，城址平面为横长方形，由大小相连的两城组成，东西长 1400、南北宽 700 米。东部大城东西长 1055、南北宽 700 米，四面中部各辟一门，加筑瓮城。西部小城倚于大城，南北同长，东西长度为 345 米，西垣中部辟一门，亦加筑瓮城。城墙残高 2、底宽 12、顶宽 1.5 米，外侧有马面，城角有角台。城外有护城河遗迹。城内有一条横贯大小二城的东西向大街，宽达 10 余米，通过三座城门，大城南、北门之间的南北向大街与之相交成十字形。城内主要建筑遗迹多集中于北部，如在十字街东北发现一座南向有前廊的十开间建筑基址等。在东门内路北及小城南部发现冶炼遗址。结合有关文献资料及所出石经幢中"饶州安民县"等记载推断，其当为辽之饶州城，而西部小城当为倚郭县长乐之所在。辽初为处置俘虏渤海人，设此饶州，领长乐、临河、安民三县，使长乐县四千户中一千户纳铁，故小城内存有大面积冶炼遗迹。而其北上伙村城址及以南克什克腾旗土城子古城当分别为临河、安民二县所在[13]。

除一般州县城外，辽代还在各帝陵区设置奉陵邑如祖州、怀州等[14]，并允许诸王、外戚、大臣、公主等设立私城，即头下军州城，如太祖弟明王安瑞所置白川州城等[15]，经调查者亦达数十座。

(6) 奥里米国城

在黑龙江、松花江、乌苏里江之间居有五国部女真人，辽设节度使统领。其奥里米国城位于绥滨县西9公里松花江北岸，有敖来河自西北向东南流经城址南，注入松花江。1964年、1973年至1974年间，黑龙江省博物馆张泰湘等先后两次进行调查，探明城址近方形，北垣保存完整，长912、残高3～4米，城外有壕沟。东垣北段保存较好，南段亦隐约可辨，中部有门址，外加筑瓮城。西垣北段长342米，西垣南段及南垣大部分已被敖来河冲毁，仅南垣东段残存约72米。城墙外筑马面，城角作圆弧形。依北垣和东垣长度推计，城周长3224米。城外西北部发现金代墓群。此城东北约50公里中兴乡东、黑龙江南岸又有一座辽金时期城址，平面近方形，周长1460米，城外西北、西南、东南还各有一周长约200米的小方城。其当为奥里米部所辖，而至金代，同属于胡里改路[16]。

此外，经调查并确认者还有依兰五国头城即越里吉国城、汤源双河古城即盆奴里国城、桦川万里霍同古城即越里笃国城等。

2．金代诸城

（1）上京城

原属五国部的完颜氏一系后迁居今黑龙江省阿城市南，东临阿什河古称安出虎水，女真语意为"金"，因之以"金"称国号，继而灭辽。其早期即建都于此，称上京会宁府，城址后称"白城"。清末，曹廷杰曾来此考察，著《金会宁府考》。

1923年至1924年间，时任哈尔滨博物馆馆长的俄国人多尔马乔夫经实地勘测，绘制出"白城图"。而后，日本人鸟居龙藏、园田一龟等亦先后来此踏查。1936年，阿城师范学校又测绘出"白城实测图"。50年代以后，黑龙江省博物馆和阿城县博物馆多次对城址进行调查与发掘。

其四面城垣保存较好，平面呈曲尺形，分南北两城。城墙残高3~5、底宽7~10、顶宽1~2米。依照1963年阿城县博物馆所勘测，北城北垣长1553、东垣长1828米，南城北垣长470、东垣长1532、南垣长2148米，南北城西垣总长3432米，周长10963米。其南城与北城之间隔墙1650米。可确认有五处门址，即北城东门、北门、西门及南城南门、东门，均外加筑瓮城。城墙外筑马面，城角有角楼。城外有护城河遗迹。南、北城之间隔墙不筑马面，偏东部有一门址，其南侧瓮城当为元以后沿用北城时所增筑。南城西部偏北有皇城，南北长645、东西宽500、周长2290米，城垣遗迹保存较差。其布

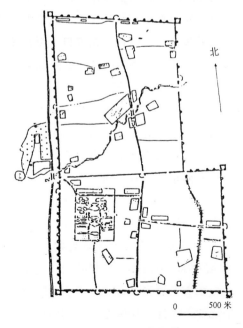

图五四　黑龙江阿城金上京城城址平面示意图

局分为左、中、右三部分，中区东西宽约 120 米，自南而北排列有五座宫殿基址；左、右区各宽约 180 米，有多座宫殿基址（图五四）。南城东部亦多宫殿建筑遗迹，当为官邸及贵族所居。北城为工商业及平民居住区，发现有冶铁、制车作坊及金银店铺等遗址[17]。

（2）中都城

金中期以后定都燕京，即今北京市区西南部。其地原有古蓟城，辽代为南京析津府，金迁都于此后大拓其城，称中都。明代增筑南城，将金中都城址东半部包围在内。今地面上辽金遗迹已不多见。

1958 年，北京大学阎文儒在对此城址进行实地考察时，曾见到今马连道仓库、蝎子门、高楼村、凤凰嘴一带的西城墙遗迹及凤凰嘴、万泉寺、石门村、霍道口、祖家庄、菜户营一带的南城墙遗迹。马连道仓库内的残存夯土高 4.4 米。蝎子门有门址遗迹，墙基宽近 18.5、高近 6 米，门口宽近 30 米。在旧北京南城西垣外护城河西岸滨河西路还可见到，北自白菜仔村、南至白纸坊大街之北有连续不断的高台遗址。根据出土的瓦当、筒瓦等推知，其当为金中都宫城正中的宫殿遗址，由此向北至真武庙、向南至菜户营为纵贯全城的南北中轴线。1966 年，中国科学院考古研究所又对外郭城垣、宫城、宫殿及街道等进行全面勘测，探明其外郭城东南角在四路通，东北角在翠花街，西北角在皇亭子，西南角在凤凰嘴，北垣长 4486、东垣长 4325、南垣长 4065、西垣长 4087 米。东垣宣耀、阳春、施仁三门，南垣丰宜、景风、端礼三门，西垣颢华、丽泽、彰仪三门，北垣通玄、会城、崇智及光泰四门所在均已确认。宫城位于中部略偏西，平面呈长方形，东西长约 600、南北长约

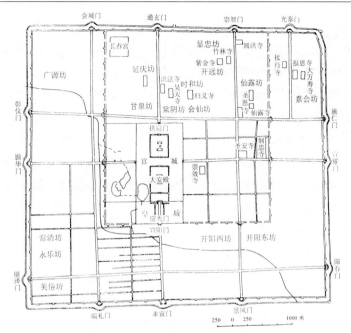

图五五　北京金中都城址平面示意图

1500 米。大型宫殿基址均置于中轴线上（图五五）。位于滨河
南路西侧的一座基址面阔十一间，当为朝宫大安殿遗址。外郭
城南垣正门即丰宜门、西门即端礼门、北垣西门即会城门所连
的城内南北向大街，以及丰宜门与端礼门之间的东西向横排的
街巷均已探出。由此可知，金中都城内原属辽南京城范围内的
街道仍保存着唐代街坊的形式，而金代新扩展的部分则改变沿
大街两侧平行排列街巷的形式。两种不同形式的街道共处于一
城，是金中都的一大特色[18]。

　　1990 年以来，北京市文物研究所又通过勘探相继发现从
申州馆至莲花池的一段金中都外郭城西垣的地下基础 700 余
米，并测定了古莲花池（金中都皇家园林，又称同乐园、西华

潭）东、南、北三面界地，找到一段出水河道及一座湖心岛，在莲花池东部还发现一条年代早于辽金时期的古河道。在莲花池北门即广安门外发现古甘石桥残迹和夯土区，由此可确定辽南京城垣及其护城河的位置。在右安门外玉林小区发现金中都外郭城南垣东门即景风门以西城墙下的水关（水涵洞）遗址，使自莲花池流入城内至鱼藻池（今青年湖）、过龙津桥向南穿过丰宜门和景风门之间南垣下注入护城河的河流走向得以明了。此外，在宫城内大安殿遗址一线又陆续发现夯土、路土及水井等遗迹[19]。

（3）蒲峪路城

黑龙江省克东县西北 7.5 公里乌裕尔河南岸有一古城址。20 世纪 30 年代，日本人福岛一郎、泷川正次郎等曾先后来此考察。70 年代以来，经黑龙江省文物考古工作队张泰湘、景爱等多次调查和发掘，探明其平面呈椭圆形，东西长约 1100、南北长约 700、周长 2850 米。城墙残高 3～4、底宽 20、顶宽

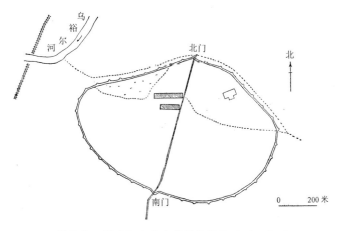

图五六　黑龙江克东金蒲峪路城址平面示意图

1.5～3 米，外筑马面。城外有护城壕遗迹。设南北两座城门，均有瓮城（图五六）。其南门经清理可知为过梁式单洞结构，城门座前后两面均砌有青砖。在东侧砖墙拐角处整齐地摆放有数十块完整的板瓦，显然是修筑城门楼的剩余物。城内东部发现一处官衙遗址，西部地表多见烧土、炼渣，并出土金代铁砧等。结合所出"蒲峪路印"和有关记载可断定，其为蒲峪路治所[20]。

（三）西夏、古格诸城

西夏国为党项人所建，其东尽黄河、西界玉门、南接萧关（今宁夏固原附近）、北控大漠，而以兴庆府（今宁夏银川市区）为都。经汪一鸣、许成等实地考察，已在兴庆府城址以西、贺兰山东麓探出元昊避暑宫、西夏卫国殿、木栅行宫等皇家宫苑故址[21]。

（1）黑水城

内蒙古额济纳旗达赖湖波镇东南 25 公里有黑水城遗址，南临额济纳河古道。额济纳河古称弱水或黑水，额济纳为亦集乃之音转，而亦集乃为西夏语"黑水"之意。西夏时期在此兴筑黑水城，置威福军，元代相沿而设亦集乃路。

1908 年至 1909 年间，俄国人科兹洛夫在此挖获大批西夏文文书。而后，英国人斯坦因等亦相继而来。50 年代至 60 年代，甘肃省博物馆和内蒙古文物工作队曾多次对城址进行调查。1983 年至 1984 年间，经内蒙古文物考古研究所李逸友等发掘查明，黑水城遗址为早晚两座城叠压在一起。

早期小城平面呈方形，边长约 238 米，北东两面城垣压在大城墙体之下。另残存有西垣及南垣遗迹。正南设城门，有瓮城、马面、角台等设施，应为西夏时期修筑的黑水城。大城于西南两面扩筑，平面呈长方形，东西长 421、南北宽 374 米，城墙高 10 米以上，基宽 12.5、顶宽 4 米。东、西各设一城门，亦有瓮城、马面、角台，城外并有羊马城遗迹。当为元亦集乃路城。城内发现东西向街四条、南北向街六条。小城街道两侧多集中店铺和民居，扩建的大城西、南部主要分布总管府、广积仓等路府司属的官衙和住宅。佛寺遗址散见于各处。城外东关亦存有大片密集的居址，多为庶民百姓所住的土屋小院[22]。

（2）古格城

唐末，吐蕃分裂，末代赞普朗达玛之子永丹占据拉萨，另一子卫松远走阿里。后卫松之曾孙德尊衮建古格王国。

20 世纪 70 年代以来，西藏自治区文物管理委员会和新疆博物馆等先后对古格王国都城遗址、托林寺及托林遗址、多乡城堡遗址、东嘎及皮央佛教石窟遗址等进行调查和发掘，获得丰富的资料。

古格王国都城扎布兰位于今西藏阿里地区札达县西 18 公里象泉河南岸的土山上。遗址南北长约 1200、东西宽约 600 米，大部分建筑物集中在山之东南面，依山叠砌，层层而上。计有房屋近四百五十座、窟洞八百余孔。房屋建筑均系土木结构，平顶，一般面积在 12～18 平方米，为官僚和僧侣住宅，而王宫、佛殿等则面积较大。

王宫遗址集中在山顶，平面略呈 S 形，四周为悬崖峭壁，边沿处用土坯筑成防护墙，碉堡林立，有两条陡峭的暗道与山下相连。山顶建筑分为三组，南端一组十七间为王宫区，以面积达 350 平方米的议事厅和国王寝宫为中心，四周绕建附属用房和防卫设施。在寝宫隔壁的房间里设一暗道，直通山脚。中间一组建筑是以建有佛堂和经堂及转经轮的佛殿为中心的王宫寺院，共有殿堂、僧房十六间。北端一组二十余间，除中组寺院的护法殿——坛城殿外，多为军事用房，发现大量盾牌、箭杆、火药筒和铠甲片等。中部有一洞口通向七孔窟洞，为国王冬天居住的地下宫殿。

山脚下建有白殿、红殿、大威德殿、度母殿等佛殿。白殿因墙壁涂以白色而得名。其坐北朝南，面积约 400 平方米。殿内壁画除神像、天王外，还有一幅历代吐蕃赞普和古格国王世系画像，包括松赞干布到朗达玛及卫松、贝考赞、吉德尼玛衮、德尊衮等。红殿以墙壁涂有红色而得名，坐西朝东，殿壁绘有迎请古印度高僧阿底峡尊者的场面。离建筑群约 200 米以外有一道城墙，分内外两层，内墙厚 1.3、外墙厚 1.5 米，两墙间宽 1.3、残长 160、残高约 1 米。

城墙以石块奠基，墙体用拌小石子的泥土夯筑。城墙内、外的地面上散布许多刻有佛像和马尼经的大卵石，原当整齐地嵌于城墙上部两面。在城内东南角筑有高土台，上存圆形建筑遗迹，可能为瞭望哨所[23]。

（3）贡塘城

在吉隆县城东南角发现有贡塘王城遗址，现存面积约 15.5 万平方米。城墙系夯土与石块混砌，所遗存四段构成一不甚规则的四方形。城墙上建有中央碉楼、角楼，开有望孔，具有浓厚的军事防御性质。其为吐蕃后裔所建立的另一个统治中心，与古格王国有密切的联系[24]。

（四）元代诸城

蒙古人兴起于漠北，后成吉思汗统一诸部而建蒙古国，至忽必烈时改国号为大元。蒙古国建都和林，位于今蒙古国南杭县哈拉和林郡内。其城址犹存[25]。

1. 都城

（1）上都城

忽必烈即位后，命刘秉忠建开平城，为上都。迁大都后，以上都为陪都。城址位于今内蒙古正蓝旗五一牧场境内闪电河北岸。

19 世纪末至 20 世纪 40 年代，先后有英国人卜士礼，俄国人波兹德涅耶夫，美国人易恩培，日本人鸟居龙藏、驹井和爱、原田淑人等来此考察，并出版有旅行记或调查报告。1956 年、1973 年，内蒙古文物工作队张郁、内蒙古大学历史系贾洲杰等亦对城址进行调查。1995 年至 1996 年间，内蒙古文物考古研究所又发掘城内大型宫殿遗址，出土许多汉白玉及琉璃建筑构件[26]。

上都城分为外城、皇城、宫城及关厢等部分。外城以黄土版筑，平面呈方形，边长 2200 米。城墙残高约 5、下宽 10、上宽 2 米。北、东、南三面各开二门，西面开一门，均筑瓮城，城外西北及东南有护城河遗迹。城内西部街道纵横交错，两侧有建筑遗迹。北部以一道宽约 2 米的土墙相隔，主要有山岗、池塘遗址，当为苑囿。皇城位于东南部，平面亦呈方形，边长 1400 米。城墙以黄土版筑，外砌石块，残高约 6、下宽 12、上宽 2.5 米，外筑马面，四角有角楼。其东垣及南垣与外城相重合，另在西垣开二门、北垣开一门，亦均筑瓮城。城内街道宽窄不等，主次分明，相互对称。在临街巷内可隐约看出一些较大的庭院遗址。东南角有一个前后两殿的遗址，外有围墙，西北又连接一个小院落，当为孔子庙及上都国子监所在。西南角有一寺院遗址。西北及东北角分别有乾元寺、华严寺遗址。宫城位于皇城中部偏北，平面呈长方形，南北长 620、东西宽 570 米。城墙以黄土版筑，外包青砖，残高约 5、下宽10、上宽 2.5 米，四角建角楼。南有阳德门、东有东华门、西有西华门，北无门。阳德门外有广场。宫城外 24 米围以宽约1.5 米的石砌夹城。宫城内有丁字形街连通三门，分布有多处

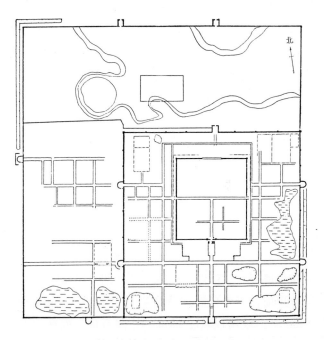

图五七　内蒙古正蓝旗元上都城址平面示意图

各自成组的建筑群（图五七）。外城东、南、西三面关厢地带为平民居住及商贸活动区。其东关长约 800、南关长约 600、西关长约 1000 米，多存小型建筑遗址。西关外南马市当是为南来商旅以粮食、布匹等与此地皮毛牲畜产品进行交易而设，时人有"西关轮舆多似雨"的描述。另在东关外有广济仓、西关外有万盈仓、城北有行殿等遗迹[27]。

（2）大都城

忽必烈初以燕京为中都，后又命刘秉忠在其东北另筑新城，称大都。大都城中南部为明清北京城所沿用。1964 年至 1974 年间，在徐苹芳主持下，中国科学院考古研究所和北京市文物工作队共同勘察了元大都的城垣、街道、河湖水系等遗迹，发掘十余处不同类型的居住遗址和建筑遗存，使大都城原貌得以揭示。

大都城外郭南垣在今东西长安街稍南，北垣在今德胜门、安定门外约 2.5 公里处，东垣及西垣中南部与明清北京城东垣、西垣重合，北垣及东、西垣北段夯土遗迹尚存于地面之上。其平面呈长方形，北垣长 6730、东垣长 7590、南垣长 6680、西垣长 7600、周长 28600 米，面积达 50 余平方公里。城墙基宽 22～24、残高 8 米余。外筑马面，四角设角楼。南垣丽正门（今天安门南）、文明门（今东单南）、顺城门（今西单南）、东垣崇仁门（今东直门）、齐化门（今朝阳门）、光熙门（今和平里东）、西垣和义门（今西直门）、平则门（今阜成门）、肃清门（今学院路西端）、北垣安贞门（今安定门小关）、健德门（今德胜门小关）等均已探明。1969 年，在拆除西直门箭楼时发现和义门瓮城城门遗迹，城门残高 22 米，门洞长 9.92、宽 4.62 米，为砖券式结构。在砖礴台上筑有面阔三间、进深三间的城楼。而从光熙门、肃清门有被火焚毁的迹象来看,可能原为过梁式木构门洞。东北部发现街道遗迹,其南北向大街宽约 25 米,东西两侧等距离地排列有宽约 6~7 米的东西向胡同。在光熙门至北垣之间探出东西向胡同二十二条,与旧北京城朝阳门至东直门之间所排列的二十二条东西向胡同相同,可见明清北京城内街巷基本上保持了元大都城的格局。城内河湖水系一条是由高粱河、海子、通惠河构成的漕运系统,另一条是由金水河、太液池(今北海及中海)构成的宫苑用水系统。在明清北京城北垣一线后英房、西绦胡同、后桃园、德胜门东等地发掘清理十余处元代居住遗址。后英房居住遗址由主院及东、西跨院组成,总面积约 2000 平方米。

皇城位于外郭城南部中央,北垣在今地安门南,东垣在今南、北河沿西侧,南垣在今东、西华门以南,西垣在今西皇城根,墙基宽约 3 米。南垣正中棂星门位于今午门附近。皇城内以太液池为中心,池西岸北为兴圣宫、南为隆福宫,池东岸为宫城。宫城东垣、西垣在今故宫东垣、西垣附近,南门即崇天门约在故宫太和殿的位置上,北门即厚载门在今景山北部,墙基宽约 16 米。在今景山北墙外发现一段大都城中部南北向大道遗迹,宽达 28 米。其北连中心阁,南对厚载门、宫城正殿大明殿、崇天门、棂星门及丽正门,构成全城中轴线,后为明清北京城中轴线所沿用[28](图五八)。

明初北京城沿用大都城南、东、西三面城墙,另筑北垣,后又展筑南垣及增筑外城。从 1962 年开始,配合大规模的城墙拆除工程,通过现场发掘清理,搞清了明北京城垣的建筑结构。由于修筑年代和防御需要等原因,其东、西城垣和南、北

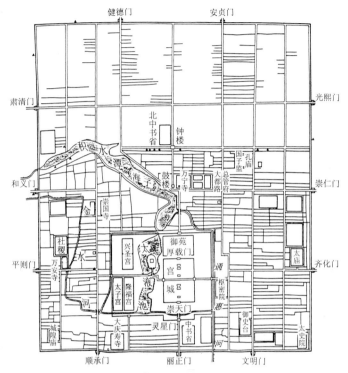

图五八　北京元大都城址平面示意图

城垣有所不同[29]。

（3）中都城

元武宗海山时又兴建中都城，经考证可确认其城址即为今河北张北西北 15 公里的白城子废城。20 世纪 90 年代以来，经河北省文物研究所等调查发掘，探明中都城城垣内、中、外三重相套（图五九）。内城平面呈长方形，东西长约 560、南北长约 610、周长 2360 米，城墙残高 2～3、基宽 15 米。四面各开一门，四角有角台。城内发现建筑遗迹二十七处，其中 1

图五九 河北张北元中都官城远景

号台基位居中心，其北部和左右侧翼各有四座呈东西排列的建
筑基址，构成主体宫殿群。其他建筑亦依南北向中轴线对称分
布。1 号台基现存亚腰长圆形台状堆积，南北长 120、东西宽
38～59 米，推测应为工字形宫殿基址，出土有汉白玉角部和
台沿螭首，以及以游龙戏珠为主纹、牡丹花叶为地纹的刀工极
佳的浮雕角柱石残块等。中城套在内城外，东、西、北三面与
内城城垣相距 120 米左右，南面相间 210 米。城墙残高 0.5～
1、基宽 5～7 米。探出北、东、南三座城门。在西、北、东三
面内城与中城之间各有两道隔墙将每面分为三部分，南面情况
不明。外城西垣无迹可寻，东垣、北垣可见断续土垄，南垣西
段较为明显，残长约 100、宽 15、高 1 米左右。其依次与中垣
间距 1050、590 和 1570 米[30]。

2．路、府、州、县城

元代于地方上设路、府、州、县，其治所或沿用旧城，或筑新城。

（1）集宁路城

集宁路城因金代集宁县城而加以扩建。其城址位于今内蒙古察哈尔右翼前旗巴彦塔拉乡土城子村北。1958年，内蒙古文物工作队通过调查和发掘得知，该城分内外两城。内城为原金集宁县城，平面呈长方形，南北长730、东西宽630米，四面正中开门，东门外有瓮城遗迹。城内中央有一大院落，长、宽各约60米，正中建筑基址旁立"集宁文宣王庙学碑"，可知为孔庙及路学所在。城内窖藏所出丝织物上见有"集宁路达鲁花赤总管府"等墨书题记，表明总管府址当亦在此一带。外城为元代扩建，其沿用内城北垣、东垣及其城门，而拓展西南两面，南北长约1100、东西宽约1000米，并另开西南二门。南部以两条纵路和三条横街划分为十二块街区，发现有房屋、窖藏等遗迹[31]。

（2）净州路城

净州路城为元代新筑，城址位于今内蒙古四子王旗城卜子村。20世纪50年代，经郑隆等调查得知，其平面略呈方形，西南角向外凸出，北垣长800、东垣长800、南垣长900、西垣长900米。东西两门之间为一直通的横街，与连接南门的纵路相交成丁字形。在东、西门所连接的横街以南还有三条横街与纵路相交，将城南部划分为八个街区。街道两旁有建筑基址[32]。

（3）丰州城

今内蒙古呼和浩特市东郊白塔村古城于1980年经内蒙古文物工作队和呼和浩特市文物管理所共同勘探发掘，探明其平面略呈方形，南北长1170、东西宽1110米，除西垣部分墙段残高 1～2 米外，其余大部分城墙惟见于地下，西南角尚存残高约 5 米的角楼址。东、南、西三面正中开设城门，外加筑瓮城。城墙外有马面。城内中央有大型建筑台基，其南有宽 15 米的大街，东、西有宽约 8 米的街道，各通向城门。除西北隅所存白塔为辽代遗迹外，城内建筑遗址均属元代。据白塔题记等可知，辽代未沿用唐丰州城（在今内蒙古乌拉特前旗西土城址），而另于此筑丰州城，金、元时期相沿[33]。

（4）宣宁县城

宣宁县城址位于今内蒙古凉城县于泥滩村。经张郁实地考察得知，其平面呈长方形，东西长 504、南北宽 323 米，四面正中开设城门，并加筑瓮城。四角有角楼遗址[34]。

（5）应昌路城

另有诸王等在其封地内所筑的私城即投下城。如在今内蒙古克什克腾旗达里诺尔湖西有鲁王所居应昌路城。

19 世纪末至 20 世纪初，先后有俄国人波兹德涅耶夫、英国人卡布别尔、日本人鸟居龙藏等来此考察。60 年代，李逸友等又对城址进行调查，探明其平面呈长方形，南北长 800、东西宽 650 米。城墙残高 3～5、上宽 2、下宽 10 米。东、南、西三面各设城门，并加筑瓮城。东、西门间有宽约 15 米的横街，与连接南门的宽约 10 米的纵街相交成丁字形。横街以南还有两条经向和一条纬向街道，将南部分成八个方形街区，其间多小型建筑遗址。横街以北有几处大型院落遗址，位于全城中央的院落规模最大，南北长 240、东西宽 220 米，外筑围墙。中央正殿台基长宽各约 70 米，当为鲁王府所在。城内东南隅有一处院落，南北长 65、东西宽 50 米，内有正殿、配房等基址，所存残碑碑首篆刻"应昌路新建儒学记"八字，可知为路学所在[35]。

（6）全宁路城

全宁路城址位于今内蒙古翁牛特旗乌丹镇西门外，平面略呈方形，边长约 1000 米。城墙残高 1～5、宽 10～12 米。四面各开一座城门。城内曾出土有铜盘，铭文载"皇姊大长公主施财铸造祭器永充全宁路三皇庙内使用"。可知城内建内供奉伏羲、神农和黄帝的三皇庙。此皇姊为顺宗之女、仁宗之姊，鲁王琱阿不剌所尚的公主。全宁路亦属鲁王投下城[36]。

（7）德宁路城

赵王所居德宁路城址位于今内蒙古达茂旗百灵庙镇东北约 20 公里阿伦斯木。

1927 年，黄文弼曾对城址进行调查，发现"王傅德风堂碑"等。20 世纪 30 年代，美国人拉铁摩尔、海涅、马丁和日本人江上波夫等亦相继来此考察。其平面呈长方形，北垣长565、东垣长 951、南垣长 582、西垣长 970 米。西、南、东三面开门，外加筑瓮城。城内中央偏东有赵王府址，南部及西北隅分别有景教、罗马教教堂遗址[37]。

（8）阿力麻里城及磨河旧城

1958 年，黄文弼等在新疆伊犁地区考察，发现元代阿力麻里城及磨河旧城等。阿力麻里城址位于今霍城县克干山南麓，城墙及城内建筑均已倾圮无存。磨河旧城址位于今伊宁市北约 58 公里，平面略近方形，周长约 2282 米。城墙残高 3.4、宽约 2.5 米，东、西设门，可能为刘郁《西使记》所提到的赤木耳城[38]。

就考古发现所见，宋、辽、金、元时期城市的发展是承于前而启于后。在规模上与隋唐时期略等；布局上既保持里坊制，又以小巷和胡同排列于主要大街两侧，沿街巷建造屋院，便于出行。都城开封、临安、燕京等，虽因沿用旧州城而受到限制，但仍力求合于传统礼制。元大都另择地而建，更是在最近似的程度上依照《周礼》，后相沿于明清，均遵循此制。

注　释

[1] 开封宋城考古队《北宋东京外城的初步勘探与试掘》，《文物》1992年第12期；开封市文物工作队《河南开封市宋东京城内汴河故道的初步勘探与试掘》，《考古》1999年第3期；刘春迎《宋东京城遗址内蔡河故道的初步勘探》、李合群《北宋东京金明池的营建布局与初步勘探》，《开封考古发现与研究》，中州古籍出版社1998年版。

[2] 开封宋城考古队《北宋东京内城的初步勘探与测试》，《文物》1996年第5期；李克修、董祥《开封古州桥勘探试掘简报》，丘刚、董祥《北宋东京皇城的初步勘探与试掘》，李合群《北宋东京皇宫二城考略》，丘刚《北宋东京三城的营建和发展》，《开封考古发现与研究》，中州古籍出版社1988年版。

[3] 浙江文物考古研究所《杭州市南宋临安城考察》，《中国考古学年鉴·1985年》，文物出版社1985年版；李德金《南宋临安皇城遗址》，《中国考古学年鉴·1993年》，文物出版社1995年版；《杭州南宋太庙遗址》，《中国考古学年鉴·1996年》，文物出版社1998年版。

[4] 李海根、刘芳义《赣州古城调查简报》，《文物》1993年第3期；余家栋、张文江、李荣华《江西赣州市古城墙试掘简报》，《南方文物》1995年第1期。

[5] 黄冈市博物馆《1993年蕲春罗州城宋代城垣发掘简报》，《江汉考古》1997年第1期；黄冈市博物馆、湖北省文物考古研究所、湖北省京九铁路考古队《罗州城与汉墓》，科学出版社2000年版。

[6] 戴应新《银州城址勘测记》，《文物》1980年第8期。

[7] 高雷、余军《清水河流域古城址》，《中国考古学年鉴·1992年》，文物出版社1994年版；王惠民、余军《固原县瓦亭古城址》，《中国考古学年鉴·1992年》，文物出版社1994年版；余军《泾源县永丰唐宋古城》、《固原县马园宋城址》、《固原县卧羊山宋城》、《固原县头营宋元城》、《固原县二营宋夏城》、《固原县胡大堡宋城》，《中国考古学年鉴·1993年》，文物出版社1995年版。

［8］据《新中国考古五十年》，黑龙江地区发现金代城址近二百座，吉林地区发现辽金城址二百六十座。

［9］内蒙古文物考古研究所《辽上京城址勘查报告》，《内蒙古文物考古文集》，中国大百科全书出版社 1994 年版。

［10］辽中京发掘委员会《辽中京城址发掘的重要收获》，《文物》1961 年第 9 期；李逸友《宁城县大明城辽中京遗址》，《中国考古学年鉴·1987 年》，文物出版社 1988 年版。

［11］姜念思、冯永谦《辽代永州调查记》，《文物》1982 年第 7 期。

［12］贲鹤龄《内蒙古库伦旗发现辽代灵安州城址》，《考古》1991 年第 6 期。

［13］冯永谦、姜念思《辽代饶州调查记》，《东北考古与历史》第 1 辑，1982 年。林西县文物管理所《辽饶州及长乐临河安民三县调查》，《内蒙古文物考古》1998 年第 1 期。

［14］张松柏《辽怀州怀陵调查记》，《内蒙古文物考古》1984 年第 3 期。

［15］冯永谦《辽代头上州探索》，《北方文物》1986 年第 4 期。

［16］黑龙江省文物考古工作队《松花江下游奥里米古城及其周围的金代墓群》，《黑龙江畔绥滨中兴古城和金代墓群》，《文物》1977 年第 4 期；黑龙江省文物管理局《黑龙江省考古五十年》，《新中国考古五十年》，文物出版社 1999 年。

［17］景爱《金上京》，生活、读书、新知三联书店 1991 年版。

［18］阎文儒《金中都》，《文物》1959 年第 9 期；北京市文物研究所编《北京考古四十年》第四编第二章，北京燕山出版社 1990 年版。

［19］齐心《近年来金中都考古的重大发现》，《北京文物与考古》第 4 辑，1994 年。

［20］黑龙江省文物考古研究所《黑龙江克东县金代蒲峪路故城发掘》，《考古》1987 年第 2 期。

［21］汪一鸣、许成《西夏京畿皇家林苑——贺兰山》，《宁夏社会科学》1986 年第 3 期。

［22］内蒙古文物考古研究所、阿拉善盟文物工作站《内蒙古黑城考古发掘纪要》，《文物》1987 年第 7 期。

［23］西藏自治区文物管理委员会《阿里地区古格王国遗址调查记》，《文物》1981 年第 11 期；《古格故城》，文物出版社 1991 年版；哈比布《古格王国都城遗址》，《中国考古学年鉴·1997 年》，文物出版社 1999 年版；西藏自治区文物局《新中国成立以来西藏自治区考古工作成果》，《新中国考古五十年》，文物出版社 1999 年。

［24］霍巍《近十年西藏考古的发现与研究》，《文物》2000 年第 3 期。

[25] 白石典之《日蒙合作调查蒙古国哈拉和林都城遗址的收获》,《考古》1999 年第 8 期。

[26] 叶新民《元上都研究综述》,《内蒙古大学学报》1994 年第 1 期;内蒙古文 化厅文物处《内蒙古自治区文物考古五十年》,《新中国考古五十年》,文物 出版社 1999 年。

[27] 贾洲杰《元上都调查报告》,《文物》1977 年第 5 期。

[28] 中国科学院考古研究所、北京市文物管理处元大都考古队《元大都的勘察和 发掘》,《考古》1972 年第 1 期;《北京后英房元代居住遗址》,《考古》1972 年第 6 期;《北京西绦胡同和后桃园元代居住遗址》,《考古》1973 年第 5 期;北京市文物研究所编《北京考古四十年》第四编第三章,北京燕山出版 社 1990 年版;王有泉《元大都城墙》,《中国考古学年鉴·1992 年》,文物出 版社 1994 年版。

[29] 北京市文物研究所编《北京考古四十年》第四编第四章,北京燕山出版社 1990 年版。

[30] 陈高华《元中都的兴废》、关绍宗《考古学上所见之元中都——旺兀察都行 宫》、陈应祺《略谈元中都皇城建筑遗址平面布局》,《文物春秋》1998 年第 3 期;任亚珊、张春长、齐瑞普《元中都考古取得重大进展》,《中国文物 报》1999 年 12 月 29 日。

[31] 内蒙古文物工作队《元代集宁路遗址清理记》,《文物》1961 年第 9 期;潘 行荣《元集宁路故城出土的窖藏丝织物及其它》,《文物》1979 年第 8 期。

[32] 郑隆《元净州路古城的调查》,《考古通讯》1957 年第 1 期。

[33] 李逸友《内蒙古元代城址概说》,《内蒙古文物考古》第 4 期。

[34] 张郁《凉城县于泥滩元代古城》,《内蒙古文物资料选辑》,内蒙古人民出版 社 1964 年版。

[35] 李逸友《应昌路故城调查记》,《考古》1961 年第 10 期。

[36] 同 [33]。

[37] 同 [33];黄奋生《百灵庙巡礼》。

[38] 黄文弼《新疆考古的发现——伊犁的调查》,《考古》1960 年第 2 期;《元阿 力麻里城考》,《考古》1963 年第 10 期。

结束语

　　在 20 世纪的中国考古发现和研究中，古代城址一直是一个重要课题，对周秦以来历代都城及其他城址的勘探和发掘从未间断，而探寻夏商时期都城及史前期城址则更为几代考古学人矢志以求。值得重书一笔的是，1985 年 3 月，中国考古学会第五次年会在北京大学举行[1]。这次年会以古代城址的发掘和研究为中心议题，承前启后，迎来了古城考古工作的新局面。而随着被发现的各个时期古城址的数量日益增多，各城址及其相关遗迹得以越来越充分的揭示，对有关古城址问题的认识也在不断深化。

　　一般说来，对古城址的发掘过程同时也就是研究过程。由于古城遗址多范围较大，沿用时间长久，内涵丰富，在认识上前后难免有所反复，得出合于历史实际的判断往往需要较长的时间。如河北易县燕下都城址，在 20 世纪 30 年代因找到部分城垣及城角遗迹而推断是一座长十三、宽十里的大城；50 年代又因发现城址中部部分南北向隔墙及东部东西向隔墙而将其分为内城和外城两部分；60 年代因探出城址中部南北向隔墙北半部及其与北垣相接部分再将其分为东城和西城；直至 80 年代方揭示其平面呈凸状、周长约 25000 米的全貌[2]。山东章丘城子崖城址在 30 年代发掘时被判定属龙山文化时期，而在 80 年代末的复探中找到当年的探沟，发现被认为是龙山文化的黑陶期堆积层实际上属于岳石文化，故其修筑和使用的年代当在夏代。在此城周围新发现的下层城墙遗迹则可判明其属于龙山文化时期[3]。而在发掘过程中，若能随时注意那些看似零碎的遗迹，亦可以少走弯路，或在较短的时间内走出误区，并有新的发现。如偃师商城遗址，在 80 年代发现有大城城垣、城门及"马道"、城内路土、宫城，90 年代又在大城内发现多处路土等。后继者根据实地考察的种种迹象认为，与西二城门"马道"相连的东西向及南北向"路土"极有可能是一道墙体。经发掘证实了此小城的存在（内有宫城居中），且兴筑在先，而后又扩宽小城西垣、南垣及东垣南段，并以小城西垣为基准向北增筑大城西垣北段，至北部自然河流南岸折向东，进而南折，在小城东部古湖泊北岸再折向西南，与加宽后的东垣南段衔接，形成平面菜刀状的大城[4]。

为总结和阐释众多史前期古城址及与之相关遗迹的发现，80 年代有"古城古国"说提出，认为距今 5000 年前后，在古文化（原始文化）得到系统发展的各地，古城、古国纷纷出现。古城是指城、乡最初分化意义上的城和镇，古国指高于氏族部落的、稳定的、独立的政治实体。古城、古国是时代的产物，社会变革的产物，作为数种文明因素交错存在、相互作用的综合体，成为进入或即将进入文明时代的标志。考古发现已日渐清晰地揭示出古史传说中"五帝"活动的背景，为复原传说时代的历史提供了条件[5]。

90 年代，各地发现的史前期城址增至五十余座，更进一步使人认识到，这些出现于大地上的城垣所环绕的是一种全新的聚落形态。尤其是在一些具有代表性的中心城址里，汇集了该地区考古学文化、社会经济文化发展成就的精华，集中了许多不常见于普通聚落中的特有文化现象和文明要素，成为显示该地区考古学文化最高发展水平的典型。众多城邑尤其是邦国的都邑是集中体现初期文明社会的综合载体[6]。城的出现应该视为走向文明的一种最显著的标志。在中国大地上出现的第一批土筑或石头砌筑的城是一种非常醒目的人文景观。它好像是历史长河中一座高耸的里程碑，把野蛮和文明两个阶段清楚地区分开来。中国历史从此开始了新的篇章。其第一阶段约为公元前 4000 至公元前 3500 年左右，是城的初现时期，所发现的城址数量少、规模小，结构上还保留环壕聚落的一些特点。第二阶段约为公元前 3500 至公元前 2600 年左右，是城邑迅猛发展的时期，公元前 3000 年以后发展更为迅速。城址的数量大增，有的似有成组和分等级的现象，有的规模也相当可观。第三阶段约为公元前 2600 至公元前 2000 年，长江流域和燕辽地区似乎出现了文化发展的低谷，而黄河流域则更加迅速地发展起来，城址和特大型聚落遗址也大多见于黄河流域。这一时期黄河流域的突出发展，直接为夏商周文明的相继勃兴奠定了坚实的基础[7]。

对历史时期城址的发掘与研究一直以历代都城和一些重要城址为重点。中国历史上主要王朝的都城规划大致有一条自成系统的发展线索。《考工记》对"营国"的阐述，成为曹魏以后历代规划设计都城的传统思想。从曹魏邺北城到隋唐两京城的棋盘格形封闭式规划体现了封建等级森严的特点，而北宋汴梁到明清北京的开放式街道布局是中国古代都城规划最后阶段的形态[8]。曹魏邺北城在中国城市发展史上是一个关键的转折点，它结束了三代秦汉以来以宫庙和宫殿为主体的城市布局，开创了有城市中轴线的封闭式里坊制城市。隋大兴城和唐长安城集魏晋南北朝城市规划之大成，成为中古时期封闭式里坊制的典型城市。元大都全城由九条南北纵街和九条东西横街以及在东西城垣内两城门之间的等距离的二十二条胡同构成街道网络，是从北宋汴梁城以来逐步发展形成的城市规划街道的定式。其宫苑在全城中央偏南，市场集中在宫苑之北，太庙在左，社稷坛在右，完全符合《周礼·考工记》所载"国中九经九纬、经涂九轨、左祖右社、面朝后市"的王城之制。但只是在形式上依照了《周礼》，在实际规划中仍然是顺从了中国古代城市规划的发展规律，从中古时期封闭式里坊制改变为开放式街巷制。这在中国历史和中国古代城市规划史上都是一次划时代的变化[9]。

对唐都长安城的探测和发掘堪称都城考古的杰出范例。依据有关文献及出土遗物拟定的遗迹大部分被考古发掘所证实，其规模形制和布局等都可以较为准确地复原到位。唐代地方城址一般是平面呈方形，每面各开一门。四门内街道相通，合组成一大十字街。大十字街四隅的每一隅又都各设小十字街。宋、辽、金时期因战争频繁，一种新的带有防御意义的城市街道布局——丁字街流行开来，城内大街不贯通，城门不对开。城防的设备加强，重要衙署、寺观的主要建筑流行工字形和王字形平面，一些坛庙在城内有了固定方位[10]。

通过长期探索使人们认识到，古代城址的考古工作有许多自身特点，而都城遗址尤为复杂。古代都城考古学是一个系统工程，涉及的内容十分广泛，社会历史信息含量高、意义大，处理好"点"与"面"的关系十分重要。所谓"面"就是从宏观上解决都城位置、环境、城市布局形制等；所谓"点"是指微观研究，也就是对具体发掘对象的研究，要选择有代表性、有典型意义的遗址。通过"点"解决、深化"面"的问题。都城考古中"点"的切入受课题自身特点的制约，应该是从城门、宫殿、宗庙及其他礼制建筑遗址开始，扩及官署、武库、寺院、里坊、官办手工业作坊等。都城考古应以宫城为重心，而宫城考古应以宫、庙等主要殿堂遗址为中心。都城研究必须与古代历史文献相结合。在古代都城考古学研究中，尤其是先秦都城考古学研究，存在对文献重视不够的现象，这使都城考古走了不少弯路，或出现研究深度及史学含量的降低[11]。

依据考古实测资料及有关记载，宋元以前城址中规模最大者为唐都长安城，其外郭城周长 36700 米，面积 84 平方公里。另有与北垣东段相连的大明宫，周长 7629 米，面积约 3.2 平方公里。其次为北宋都城开封，周长约 29120 米；元大都，周长 28600 米，面积约 50 平方公里；隋唐东都洛阳城，周长约 27500 米，面积约 47 平方公里；西汉都城长安，周长 25700 米，面积约 36 平方公里；燕下都，周长约 25000 米等。另探出北魏洛阳城外郭东垣及西垣，二者间距约 10000 米。在汉魏洛阳城北垣以北约 850 米一线探出外郭城北垣，南垣毁于洛水。估计原外郭城周长超过 30000 米，当属仅次于唐长安的第二大城。南宋都城临安的规模与开封城相当[12]。唐代扬州城包括子城与罗城在内周长 17820、东西长约 3100、南北长6030 米。比照北宋沈括于《梦溪笔谈》补笔谈卷下所记之"南北十五里一百一十步、东西七里三十步"，二者东西长度相吻合，而南北长度相差约 700 米[13]，或尚有部分城垣遗迹未被探明。依沈括所记，其南北之长当在 6700 米左右，而全城周长当在 20000 米左右，为第九大城。战国时期，齐都临淄城周长约 19000 米，亦可列入前十位。

毋庸讳言，能对古城有如此具体详实的了解，应当主要归功于 20 世纪的考古发掘，而一些尚未解决的问题，仍离不开未来的考古发现。考古发掘之路是漫长的。在新的世纪里，人们有更多的期待。同时，随着中国考古学走向成熟，人们似也应更加冷静和理智。考古资源即古人所留的遗迹是有限的，没有必要全部进行发掘，能不挖的就不挖，能少挖的尽量少挖，保护比发掘更为重要。基于这样的理念，重要的古城址等在发掘之前应该制定出保护规划，立足于长久展示，以作为中华文明演进历程的标识性遗迹，而不能简单地回填。对那些暂时还没有能力长期展示和保护的遗址似不必操之过急，可让它们照原样保存下去。

注　释

［1］殷玮璋《中国考古学会举行第五次年会讨论中国古代都市问题》，《考古》1985年第 6 期；《中国考古学会第五次年会论文集》，文物出版社 1988 年版。

［2］河北省文物研究所《燕下都》，文物出版社 1996 年版。

［3］张学海《城子崖与中国文明》，《纪念城子崖遗址发掘 60 周年国际学术讨论会文集》，齐鲁书社 1993 年版。

［4］王学荣《偃师商城布局的探索和思考》，《考古》1999 年第 2 期。

［5］苏秉琦《辽西古文化古城古国——兼谈当前田野考古工作的重点或重大课题》，《文物》1986 年第 8 期；《关于重建中国史前史的思考》，《考古》1991年第 12 期。

［6］任式楠《中国史前城址考察》，《考古》1998 年第 1 期。

［7］严文明《文明起源研究的回顾与思考》，《文物》1999 年第 10 期。

［8］俞伟超《中国古代都城规划的发展阶段性——为中国考古学会第五次年会而作》，《文物》1985 年第 2 期。

［9］徐苹芳《论历史文化名城北京的古代城市规划及其保护》，《文物》2001 年第 1 期。

［10］宿白《现代城市中古代城址的初步考查》，《文物》2001 年第 1 期。

［11］刘庆柱《中国古代都城考古学研究的几个问题》，《考古》2000 年第 7 期。

［12］参见本书有关章节引述。据《咸淳临安志》记载，唐景福三年（公元 893 年），钱镠在苏杭观察使任上扩筑杭州罗城，"周七十里"。依唐一里合今约 442.5 米推计，合今约 30975 米。五代钱氏以此为吴越国都，称西府。南宋时期略有增筑，大体保持原有规模。参见陈梦家《亩制与里制》，《考古》1966 年第 1 期。

［13］据唐一里合今约 442.5 米、一步合今约 1.475 米推计，其七里三十步合今约 3141.75 米，十五里一百一十步合今约 6799.75 米，与今所测东西之长相吻合。而南北之长当用同一尺度，则相差 769.75 米，似不能谓之略合。

参 考 书 目

1. 李济《城子崖——山东历城县龙山镇之黑陶文化遗址》，中央研究院历史语言研究所，1934 年。

2. 驹井和愛《曲阜魯城の遺蹟》，東京大學文學部考古學研究室，1950 年。

3. 驹井和愛、關野雄《邯鄲——戰國時代趙都城址の発掘》，東亞考古學會 1954 年版。

4. 尹达《中国新石器时代》，三联书店 1955 年版。

5. 胡厚宣《殷墟发掘》，学习生活出版社 1955 年版。

6. 關野雄《中國考古學研究》，東京大學出版會 1956 年版。

7. 黄文弼《塔里木盆地考古记》，科学出版社 1958 年版。

8. 中国科学院考古研究所《唐长安大明宫》，科学出版社 1959 年版。

9. 中国科学院考古研究所《新中国的考古收获》，文物出版社 1961 年版。

10. 文物编辑委员会《文物考古工作三十年》，文物出版社 1979 年版。

11 山东省文物考古研究所等《曲阜鲁国故城》，齐鲁书社 1982 年版。

12. 中国社会科学院考古研究所《新中国的考古发现和研究》，文物出版社 1984 年版。

13. 黄文弼《新疆考古发掘报告（1957～1958）》，文物出版社 1984 年版。

14. 王仲殊《汉代考古学概说》，中华书局 1984 年版。

15.《中国大百科全书·考古学》，中国大百科全书出版社 1986 年版。

16. 中国社会科学院考古研究所《中国考古学研究——夏鼐先生考古五十年纪念论文集》，文物出版社 1986 年版。

17．中国考古学会《中国考古学会第五次年会论文集》1985年，文物出版社1988年版。

18．中国社会科学院考古研究所等《夏县东下冯》，文物出版社1988年版。

19．文物编辑委员会《文物考古工作十年（1979～1989）》，文物出版社1990年版。

20．北京市文物研究所《北京考古四十年》，北京燕山出版社1990年版。

21．河南省文物研究所等《登封王城岗与阳城》，文物出版社1992年版。

22．张学海主编《纪念城子崖遗址发掘60周年国际学术讨论会文集》，齐鲁书社1993年版。

23．中国社会科学院考古研究所《中国考古学论丛》，科学出版社1993年版。

24．中国历史博物馆考古部等《垣曲商城1985～1986年度勘察报告》，科学出版社1996年版。

25．河北省文物研究所《燕下都》，文物出版社1996年版。

26．山西省考古研究所侯马工作站《晋都新田》，山西人民出版社1996年版。

27．中国社会科学院考古研究所《汉长安未央宫1986～1989年考古发掘报告》，中国大百科全书出版社1996年版。

28．中国社会科学院考古研究所《六顶山与渤海镇》，中国大百科全书出版社1997年版。

29．开封市文物工作队《开封考古发现与研究》，中州古籍出版社1998年版。

30．《新中国考古五十年》，文物出版社1999年版。

31．黄冈市博物馆等《罗州城与汉墓》，科学出版社2000年版。

32．湖北省文物考古研究所《盘龙城一九六三～一九九四年考古发掘报告》，文物出版社2001年版。

后　记

　　本书为《20世纪中国文物考古发现与研究丛书》之一，旨在梳理这一阶段有关中国古代城市发现和研究的成果，涉及各时期古代城址一百六十余座。因字数所限，只能是有取有舍，突出重点而兼顾一般，做到大体均衡。对于另有专著者如汉长安城等，本书亦给以适量的篇幅，以保持全书的系统性。在写作上，力求客观准确，除个别实难寻觅者慎重转引外，尽可能直接依据正式出版和发表的考古报告、简报或通讯，如实记述有关古城址所在具体方位、保存现状、调查发掘者、调查发掘时间、所获成果及研究结论等。其文物考古机构名称以初见者写入，后有更改者一般不再标出，如文物工作队改为文物考古研究所等。书稿完成于2000年5月，后在修改过程中又据所见考古资料及相关论述（截止于2001年初）略有补充。

　　本书写作提纲及初稿曾经朱启新先生审阅，提出许多宝贵意见，颇费心力。在此衷心致谢！

曲英杰

2002年8月于北京

图书在版编目（CIP）数据

古代城市/曲英杰著．－－北京：文物出版社，2003.6
（2020.11重印）

（20世纪中国文物考古发现与研究丛书）

ISBN 978-7-5010-1375-3

Ⅰ.古… Ⅱ.曲… Ⅲ.古城遗址（考古）－中国
Ⅳ.K878

中国版本图书馆CIP数据核字（2002）第066406号

20世纪中国文物考古发现与研究丛书

古代城市

著　　者　曲英杰

封面设计　张希广
责任印制　陈　杰
责任编辑　王　戈
出版发行　文物出版社
社　　址　北京市东直门内北小街2号楼
网　　址　http：//www.wenwu.com
邮　　箱　web@wenwu.com
印　　刷　河北鹏润印刷有限公司
开　　本　850mm×1168mm　　1/32
印　　张　8.5
版　　次　2003年6月第1版
印　　次　2020年11月第3次印刷
书　　号　ISBN 978-7-5010-1375-3
定　　价　40.00元